VOYAGE AU-DELÀ DE LA MORT

DÉLOG DAWA DREULMA

VOYAGE AU-DELÀ DE LA MORT

TÉMOIGNAGE VÉCU

TRADITION TIBÉTAINE

TRADUIT DU TIBÉTAIN
PAR RICHARD BARON

TRADUIT DE L'AMÉRICAIN
PAR KIM BURGAT

Claire Lumière

Les éditions Claire Lumière publient de nombreux ouvrages consacrés au bouddhisme.

Si vous souhaitez recevoir notre CATALOGUE et être tenu au courant de nos publications, il suffit de nous faire parvenir votre nom et votre adresse à l'adresse suivante:

Editions Claire Lumière
5 av. Camille Pelletan
13760 Saint Cannat

Couverture: Carol Skylark

ISBN 2 905998-44-X

SOMMAIRE

INTRODUCTION

par Chagdud Tulkou

Lorsque j'étais enfant au Tibet, je trouvais parfois ma mère, la Délog Dawa Dreulma, entourée d'une assemblée qui l'écoutait avec la plus grande attention raconter ses voyages dans d'autres royaumes d'existence. Lorsqu'elle évoquait les divinités des royaumes purs, son visage rayonnait, tandis qu'elle pleurait en décrivant les souffrances des êtres infernaux, des *prétas*, ou des esprits tourmentés. Elle relatait ses rencontres avec les parents défunts de certaines personnes et rapportait aux vivants les préoccupations des morts au sujet d'affaires qui n'étaient pas réglées (par exemple, des pièces de monnaie ou des bijoux qui avaient été enterrés et qu'on n'arrivait pas à retrouver) ou leurs requêtes pour la récitation de prières et de rituels. Elle transmettait également des conseils spirituels formulés par des lamas importants qui avaient quitté ce monde et que les lamas de ce côté-ci de la mort accueillaient avec un profond respect.

Ma mère était révérée dans tout le Tibet pour ses pouvoirs extraordinaires de lama, mais elle était connue davantage pour sa qualité de *délog*, terme par lequel on désigne quelqu'un qui a franchi le seuil de la mort et est revenu pour en parler. Dans son cas, il ne s'agissait pas d'une vision ou d'une expérience momentanée de proximité de la mort. Durant cinq jours entiers, elle reposa, sans respirer, son corps froid ne montrant aucun signe de vie, tandis que, souvent guidée par la déesse de sagesse Tara Blanche, sa conscience se mouvait librement dans d'autres royaumes d'existence. Elle entreprit son voyage de délog conformément aux instructions qu'elle avait reçues de Tara au cours de visions, mais contre l'avis de ses lamas qui l'avaient suppliée de ne pas prendre un tel risque.

Il est remarquable qu'une jeune femme de seize ans ait eu à ce point confiance dans son expérience de méditation pour ne pas tenir compte des conseils avisés de lamas très sages et bien plus âgés. Il est vrai qu'elle avait été reconnue comme une émanation de Tara Blanche, puissante force de l'esprit d'Eveil dont l'activité est d'assurer la longue vie et la libération des êtres.

Tout au long de son enfance, Dawa Dreulma avait manifesté une compassion très profonde. Aucun mendiant venu à notre tente ne repartait sans qu'elle lui eût offert ce qui lui tombait sous la main; ma famille se mit d'ailleurs à cacher les objets de valeur de crainte qu'elle ne les distribue.

Pour les grandes cérémonies, quatre cents personnes pouvaient se rassembler dans notre tente familiale en feutre noir. Dawa Dreulma occupait une place d'honneur, sur un siège surélevé, à côté des autres grands lamas, parmi lesquels ses quatre oncles, connus dans tout le Tibet oriental. Elle-même cherchait à accomplir les rituels à la perfection. J'ai rencontré, il y a plusieurs années, un moine qui se souvenait de sa colère au moment où il avait soufflé incorrectement dans son *kangling* (cor utilisé lors de cérémonies). Sa présence était un encouragement à s'efforcer de pratiquer avec soin les étapes du chemin en même temps qu'à reconnaître que la nature fondamentale de ces mêmes étapes est un état de conscience dépourvu d'effort.

Ses rêves et ses visions étaient issues de sa réalisation: ceux qui notamment, l'avaient menée à son expérience de délog donnaient des instructions précises et sans ambiguïté. Les craintes des lamas qui l'enjoignirent de ne pas entreprendre un tel voyage, mais plutôt de jeûner, de prendre des médicaments et d'accomplir des rituels, n'étaient cependant pas sans fondement. En effet, après avoir quitté son corps et alors qu'elle se trouvait dans le royaume pur de Padmasambhava, elle rencontra son oncle défunt, le vénéré maître Khakyeu Wangpo; il l'avertit qu'il serait dangereux pour elle de rester là et lui dit qu'elle devait retourner dans le monde des humains afin d'aider les êtres.

Plus tard, pendant qu'elle voyageait à travers le *bardo*, l'état intermédiaire entre la mort et la renaissance, et les royaumes des enfers et des prétas, une émanation de la divinité féminine

Vajravarahi émit un doute sur la capacité de Dawa Dreulma à dispenser beaucoup de bienfaits. "Ma fille, il serait peut-être préférable que tu retournes dans le royaume des humains. Cependant, du fait que tu as repris naissance dans un corps de femme, tu n'auras que peu d'autorité. En cet âge décadent, les gens admettront difficilement la véracité de tes récits."

Tara Blanche ne partagea pas cette opinion: "C'est une héroïne dotée d'un grand courage", dit-elle, ajoutant qu'elle avait su ne pas écouter ceux qui avaient essayé de la dissuader. "Si elle retourne dans le monde des humains, elle pourra exercer une influence sur les esprits des êtres en leur parlant de l'éthique qui consiste à adopter une conduite vertueuse et à rejeter les actions nuisibles."

L'expérience directe des autres royaumes d'existence a effectivement conféré à ma mère une grande autorité spirituelle qui se manifestait au travers de ses enseignements sur l'éthique et la loi karmique des causes et des effets. Personne ne mettait en doute ses paroles. D'une part, de grands lamas tel Tromgué Troungpa avaient été témoins du retour à la vie de son corps; d'autre part, elle connaissait l'endroit où de l'argent avait été enterré et certaines actions que des personnes décédées avaient accomplies avant de mourir — choses qu'elle n'aurait pas pu savoir si les gens qu'elle avait rencontrés pendant son expérience de délog ne les lui avaient pas dites directement. Plus tard dans sa vie, l'un de ses plus généreux bienfaiteurs fut un homme d'affaires tibétain, un non-pratiquant convaincu, jusqu'au jour où ma mère lui communiqua une information de la part de sa sœur défunte concernant de l'argent enterré.

Ce récit de la délog Dawa Dreulma est aussi vivant que la description que ferait un touriste du pays qu'il vient de visiter, hormis que son voyage à elle fut celui de la conscience dans les manifestations pures et impures de l'esprit. Le périple commence ainsi, en accord avec les instructions de Tara: "Je laissai mon esprit se stabiliser. Dans un état d'ouverture et de suprême félicité, je fis une expérience de la clarté absolue. J'avais pleinement conscience de la nature fondamentale de mon esprit dans son état naturel. Parce que cette conscience était sans contrainte, j'avais l'impression de percevoir les sons et les voix provenant de toutes les terres et non de mon seul environnement immédiat."

Lorsque s'effacent en l'esprit la saisie et l'aversion ordinaires ainsi que l'ignorance issue de la conception dualiste sujet-objet, on fait l'expérience de la conscience primordiale nue, non-fabriquée, absolue, non-duelle, au-delà de tout concept, vacuité dotée de toutes les qualités pures et du potentiel à se manifester comme apparence et vacuité inséparables. C'est la nature de Bouddha, cachée et non-reconnue chez les êtres ordinaires, mais pleinement révélée chez les êtres éveillés.

Pour accomplir le bien de tous, les êtres éveillés créent spontanément des royaumes de manifestation pure tels le Glorieux Mont Couleur de Cuivre de Padmasambhava, le Mont Potala d'Avalokiteshvara et le Youlokeu de Tara. Les pratiquants ayant purifié leur courant de conscience et accumulé de vastes mérites grâce à leur vertu peuvent en faire l'expérience au travers de visions, de rêves ou, comme ma mère, en tant que délog. Dans son récit, la représentation cosmologique de l'univers est tout à fait précise et les descriptions sont détaillées; il est pourtant évident que les royaumes qu'elle a visités sont le somptueux déploiement de la nature de l'esprit, expérimenté lorsque la méditation dépasse les limites de la perception ordinaire.

Les royaumes purs sont la manifestation de l'esprit, de même que l'état du bardo et les six domaines de renaissance. La différence réside en ce que les royaumes purs sont la manifestation de la conscience éveillée, alors que les six royaumes samsariques et le bardo sont le jeu de l'illusion et la projection des poisons de l'esprit. Le royaume des enfers est une projection de la haine, de la colère et de l'acte non-vertueux de tuer; le royaume des prétas, une projection de l'avarice et de l'avidité; le royaume des animaux, une projection de la stupidité; celui des demi-dieux, une projection de vertus entachées de jalousie; le royaume des dieux, une projection de vertus entachées d'orgueil; le royaume des humains, une projection d'une combinaison des cinq poisons et d'un capital de vertus suffisant pour éviter une renaissance dans les royaumes inférieurs. Une renaissance humaine fortunée est en grande partie le fruit de nos actions vertueuses et nous permet de pratiquer une voie spirituelle. Ma mère avait l'habitude de dire: "Aussi difficile que soit votre vie humaine, il n'y a aucune comparaison entre les peines que vous éprouvez ici et les souffrances dans les états d'existence inférieurs."

Les humains et les animaux partagent ce monde ainsi que la tendance à percevoir les choses comme solides et substantielles. Quand la mort sépare l'esprit du corps, détruisant la stabilité relative de la forme, la conscience primordiale entre dans l'état du bardo d'après la mort. Si l'on n'atteint pas la libération tout de suite au moment de la manifestation pure, dans ce qu'on appelle le "bardo de la vraie nature des phénomènes", notre conscience est projetée dans le "bardo du devenir" pour ensuite renaître dans un des six royaumes d'expérience, selon notre karma.

Comme dans un rêve ou dans une hallucination, les êtres, aussi légers que des flocons de neige, apparaissent puis s'estompent du champ de perception de Dawa Dreulma. A un moment, elle se trouve en présence d'une personne de sa connaissance qui endure les pires tourments des enfers, ou d'un préta livré au supplice de l'extrême privation. L'instant suivant, elle rencontre une personne vertueuse en route pour un royaume pur, ou un être dans un royaume divin. Parfois, c'est toute une procession d'êtres infernaux ou d'esprits du bardo qui se rend dans les royaumes purs sous la conduite d'un grand lama ou d'un pratiquant venu les libérer par la force de ses aspirations altruistes. C'est le sens même de la prière que nous récitons en disant: "Puissions-nous descendre dans les tréfonds de l'existence cyclique afin d'en libérer les êtres".

Alors qu'elle se trouve en présence du Seigneur de la Mort Yama Dharmaraja, Dawa Dreulma, accompagnée de Tara, lui chante un chant de réalisation:

> Dans la reconnaissance (de ce qui est), c'est seulement
>   cela — l'esprit lui-même;
> Sans la reconnaissance, c'est le grand et courroucé
>   Seigneur de la mort:
> En réalité, il est le Vainqueur, le dharmakaya Samantabhadra:
> Hommage et louanges aux pieds de Dharmaraja.

Bien que sur le plan ultime, les royaumes du cycle des existences soient vides de nature propre, simples projections de la confusion de l'esprit, sur le plan relatif, les souffrances des êtres qui en sont prisonniers sont indéniables. Comme le montrent sans cesse Dharmaraja et ses serviteurs, ni mensonges ni excuses ne peuvent alléger notre karma. Notre vie, en leur présence, repasse devant nos yeux, chaque action, bonne ou mauvaise, apparaissant de manière précise; leurs résultats karmiques surviennent en conséquence. Les descriptions effrayantes que fait Dawa Dreulma des effets horribles d'actes nuisibles, comme le fait de tuer, nous mettent en garde contre l'accomplissement de telles actions. Inversement, ses descriptions merveilleuses des royaumes purs nous incitent à pratiquer la méditation des divinités et à réaliser les qualités de la nature pure de l'esprit.

Après la mort, alors même que les forces karmiques entraînent notre conscience vers une renaissance dans l'existence cyclique, dans la mesure où nous aurons auparavant pratiqué suffisamment bien pour avoir la présence d'esprit d'invoquer avec ferveur notre divinité de méditation, nous renaîtrons instantanément dans son royaume pur.

Après son expérience de délog, Dawa Dreulma se rendit en pèlerinage à Lhassa où elle me conçut avec son conjoint, un lama important. Elle demeura chez ses parents jusqu'à ce que j'aie environ quatre ans, puis s'installa au monastère de Tènpèl Gompa, à une semaine de cheval de là. Elle vécut dans une maison qu'on bâtit en haut de la montagne, d'où la vue était superbe, vénérée en tant que lama et *dakini*, personnification féminine de la sagesse et de l'activité éveillée. Plus tard, elle donna naissance à ma sœur Trinlé Wangmo, une enfant extraordinaire, reconnue par la suite comme incarnation d'une yogini de sagesse. Ma sœur et moi étions des enfants turbulents et volontaires; aujourd'hui encore, il m'arrive d'être envahi de regrets en pensant aux soucis que j'ai causés à ma mère. Elle n'a pas hésité à nous imposer une discipline rigoureuse, mais elle affirmait également que si je pratiquais le dharma assidûment et avec une motivation pure, je déploierais une activité bénéfique pour les êtres. Ses paroles ont profondément marqué mon chemin.

Elle décéda en 1941, peu après avoir mis au monde un petit garçon qui mourut à son tour deux ans plus tard. Elle avait environ trente-cinq ans et moi onze. Son corps demeura en posture de méditation pendant quelques jours, puis s'affaissa, signe que la conscience l'avait quitté. Sa dépouille fut incinérée sur le toit de sa maison, au-dessus de laquelle apparurent des arcs-en-ciel et cinq vautours décrivant des cercles dans le ciel, symboles dans le bouddhisme Vajrayana, de l'accomplissement suprême du yogin réalisé. Je suis sûr qu'elle est retournée dans les royaumes purs, mais aussi, sans aucun doute, dans les enfers et les royaumes des prétas pour sauver tous ceux qui avaient un lien avec elle, car sa compassion était au-delà de toute crainte.

J'ai quitté le Tibet en 1959, juste avant la brutale invasion qui suivit la mainmise chinoise. En 1982, alors que j'étais resté sans nouvelles de ma famille pendant près de trente ans, je reçus soudain une brève lettre de ma sœur m'apprenant qu'elle possédait l'unique exemplaire du récit de délog de ma mère. Je ne pus répondre à cet appel lancé du Tibet en direction de la Californie que cinq ans plus tard, à la faveur d'une certaine libéralisation du régime politique chinois au Tibet. Trinlé Wangmo, à qui je rendis finalement visite, me dit que le texte lui avait été confisqué mais qu'elle savait où il était. Durant les terribles années de la Révolution culturelle, quand les Chinois utilisaient les textes religieux comme papier de toilette, elle n'avait rien pu faire; mais dès que la situation le permit, elle offrit une somme exorbitante en échange du récit. Seules quelques pages manquaient.

Je ne voulais pas lui prendre l'original, mais les Chinois de Chèngdu, capitale du Séchuan, ne m'auraient pas autorisé à en faire une photocopie. Sachant que je devrais le faire sortir clandestinement, j'avais apporté des Etats-Unis des livres tibétains que j'avais inscrits sur ma déclaration de douane. J'ai glissé le récit de délog parmi ceux-ci et n'ai rencontré aucun problème à ma sortie du pays. Quelques années plus tard, je suis retourné au Tibet pour en donner une copie à ma sœur. J'ai toujours l'original, datant maintenant de plus de soixante ans, qu'un scribe avait rédigé d'une belle calligraphie tandis que ma mère racontait son histoire.

D'autres récits de délog existent, notamment celui, bien connu, d'une autre pratiquante, la délog Ling Cha Cheudreun. La "Tibetan

Library of Works and Archives" à Dharamsala en possède au moins une douzaine. Les délogs étaient souvent des femmes et certaines n'étaient en apparence que de simples laïques. Cependant, l'expérience en soi étant un signe de grande réalisation méditative, il ne peut s'agir d'êtres vraiment ordinaires. Leurs récits renforcent la foi dans les enseignements des lamas sur les royaumes d'existence invisibles.

J'ignore si d'autres récits ont été traduits dans des langues occidentales. La traduction anglaise du récit de Dawa Dreulma a pu être réalisée grâce à ma rencontre avec l'excellent traducteur Richard Barron (Chökyi Nyima) et à Mary Racine, éditrice très compétente. Richard Barron a rédigé les notes, claires et précises. Dans le texte original, le récit commence par les trois royaumes purs suivis, dans un quatrième chapitre, des royaumes impurs. Toutefois, la cohérence interne du texte semble indiquer que le voyage s'était déroulé dans l'ordre que nous publions ici: le Glorieux Mont Couleur de Cuivre, les royaumes impurs, le Mont Potala et Youlokeu. Le dernier chapitre, que mon fils Jigmé Tromgué Rimpoché a ramené du Tibet oriental aux Etats-Unis en 1994, est principalement un résumé des expériences de Dawa Dreulma dans les royaumes impurs. Afin d'en rendre la lecture plus aisée, le texte anglais n'est pas une traduction littérale de l'original tibétain versifié, mais une adaptation en prose quelque peu libre.

L'expérience de délog est quelque chose d'extraordinaire et d'étonnant, même à l'intérieur du contexte ésotérique des écoles tibétaines du bouddhisme Vajrayana. Toutefois, le récit de délog de Dawa Dreulma possède la force et l'immédiateté d'une expérience directe; j'espère ainsi que les lecteurs comprendront que les apparences phénoménales des royaumes correspondent aux aspects de l'expérience de leur propre esprit. Puissent ces paroles mener à la réalisation spirituelle la plus haute; puissent-elles conduire celui qui les lit aux domaines des Vainqueurs.

- 1 -

LE GLORIEUX MONT COULEUR DE CUIVRE

LE ROYAUME PUR DE PADMASAMBAVA

Le chemin dont je parle est un passage étroit, resserré
et confiné.
Afin que ceux qui désirent parvenir à la libération
puissent suivre la voie qui y mène,
Je vais m'étendre un peu sur cette guirlande de conseils
bénéfiques relatifs à la motivation supérieure[1].

༄༅ ། Les faits qui sont relatés ici me concernent moi, Dawa Dreulma, fille de Jigmé Throgyèl, de la famille Tromgué, un lama qui vécut dans la région de Washul Throm. Pourvue dès ma petite enfance d'une nature compatissante, d'une foi impartiale et de la vision pure, j'éprouvais un amour profond à l'égard de tous les mendiants et de ceux qui étaient moins favorisés que moi et me suis vouée à la pratique des offrandes et de la charité.

J'ai accompli de nombreuses retraites de récitation intensive, au cours desquelles je répétais, par exemple, des centaines de milliers de fois la Prière en Sept Vers[2]. Par la suite, je fus inspirée par la *dakini* Dorjé Youdreun[3] et d'autres divinités de conscience primordiale, ainsi que par un *bodhisattva* parvenu au huitième niveau de réalisation[4] qui se manifesta sous l'apparence d'une divinité locale, le grand et divin *nyèn* du Nord[5]. Bien qu'ils ne m'aient pas entièrement révélé le passé, le présent et l'avenir, je reçus néanmoins un nombre surprenant de prophéties se rapportant à notre époque.

Un jour, les trois *tulkous*[6] ainsi que Jatrul[7] et d'autres personnes descendirent dans la vallée pour prendre part à un long rituel que l'on célébrait une fois par an dans une vaste tente en feutre. Le soir précédant leur départ, j'eus une vision, en partie une expérience méditative, en partie un rêve: trois démones, appelées les "sœurs du samaya brisé[8]", venaient du plateau de Lashar pour ravir la force vitale des êtres des trois plans d'existence conditionnée[9]. La sœur occupant la place la plus importante brandissait une bannière de soie noire et un lasso qu'elle essaya à maintes reprises d'enrouler autour de ma taille. Cependant ma divinité tutélaire, la vénérée Tara, apparut sous la forme d'une jeune fille à la blancheur éclatante et me plaça hors d'atteinte, à l'abri d'une tente fortifiée[10].

J'eus ensuite la vision d'une personne qui s'approchait de moi, me frappait dans le dos avec un écheveau de laine colorée de la grosseur d'une pierre, puis disparaissait. Ce fut une expérience très négative; mais, de nouveau, Tara intervint: "Dans le cas présent, je dois aller en Inde chercher le remède *kanadava* provenant du trésor secret des dakinis d'Orgyèn[11]. Je ne serai pas de retour avant quatre jours. Pendant mon absence, porte les vêtements d'une personne dont le corps est gardé par les dieux protecteurs, comme ton frère aîné Palchèn, et tiens ton esprit loin de toute distraction. Le soir du quatrième jour, fais l'offrande de quatre-vingts *tormas* pour dissiper les obstacles[12]. Alors, pour te faire savoir que je rapporte le remède, j'apparaîtrai comme le soleil éclatant dégagé du voile des nuages ou bien dans un tourbillon de vent."

Durant ces quatre jours, je ressentis des douleurs si intenses qu'il me fut impossible de nouer ma ceinture autour de mon corps. Le soir du quatrième jour, le lama incarné Tromgué Troungpa effectua un rituel d'offrande de quatre-vingts tormas et les trois sœurs ravisseuses-de-force-vitale, ainsi rassasiées, s'en retournèrent dans leur demeure. Une odeur suave se répandit dans toute la tente, indiquant que le remède était arrivé. Je goûtai alors une substance extraordinaire au parfum délicat et mes souffrances se dissipèrent aussitôt. J'ai réellement vécu cette merveilleuse expérience dont n'importe qui aurait pu être le témoin.

Une autre fois, je fus soudain terrassée comme si l'heure de ma mort était irrémédiablement arrivée. Mon précieux lama racine[13] et unique refuge, ce bienveillant et souverain seigneur, trésor de compassion, mit toute son énergie dans l'accomplissement d'un rituel pour m'assurer une longue vie. D'autres lamas de l'illustre lignée Sakya[14] firent également des prières de supplication, des rituels de protection et diverses cérémonies dont celle du refuge en le glorieux Hévajra[15]. Finalement, mes souffrances les plus manifestes s'apaisèrent et les plus subtiles se transformèrent en une expérience de félicité et de vacuité.

Ce fut à ce moment-là que Khakyeu Wangpo, seigneur souverain de cent familles de bouddhas, incomparable et unique trésor de compassion, qui n'est autre que le parfait et grand Vajradhara[16], me guida dans une vision, sous sa forme illusoire de conscience primordiale. Je pus m'entretenir avec des dakinis de conscience primordiale dépourvues de corps physique, comme s'il s'agissait d'une conversation entre deux personnes. Elles donnèrent à mes questions des réponses claires afin d'éliminer les obstacles de la vie présente de cette jeune fille[17] et ainsi me permettre d'agir pour le bien des êtres selon mes propres capacités. On me prédit que j'allais devoir accomplir des retraites de récitation de mantras de trois divinités —

Amitayus, Samyak et Vajrakilaya — pour me préparer à visiter de nombreux royaumes purs du nirmanakaya[18].

Le seigneur Tromgué Koundun Rimpoché conféra les initiations de ces trois divinités d'après les enseignements du grand *terteun* Lékyi Dorjé[19]. Mon mode de perception ordinaire disparut tout simplement et je fus alors directement introduite à la nature non-conditionnée, essentielle, de la conscience intrinsèque, dépourvue de confusion. Mon esprit s'ouvrit à la conscience intrinsèque dans toute sa nudité tandis que des mots du vajra secret jaillissaient sans discontinuité[20]. La vénérée déesse, la souveraine Tara Blanche m'accorda la grâce d'une vision et maintes expériences méditatives d'une inconcevable union de félicité et de vacuité s'élevèrent dans mon esprit.

༄༅ । Le vingt-troisième jour du huitième mois lunaire de l'année du rat de bois[21], première de l'ancien cycle de soixante années, en phase de lune décroissante, à l'occasion d'une fête célébrant le rassemblement des dakinis, un temps auspicieux pour répandre les précieux enseignements de la voie du mantra secret[22], nous rendîmes visite à Chogtrul Rimpoché. Cette jeune fille le pressa de questions au sujet des rêves et des expériences méditatives qu'elle avait faits antérieurement dans sa vie et plus récemment. Ces récits semblaient lui procurer une joie inimaginable et le rendre très heureux.

Je lui dis: "Selon une prophétie de Tara à cette jeune fille, je vais passer six à sept jours dans un état méditatif d'une profonde stabilité, semblable au coma ou à la mort."

Chogtrul Rimpoché et Tromgué Troungpa répliquèrent tous deux: "Rien ne t'oblige à parler ainsi. On a faim et soif déjà après une seule journée de jeûne de *nyoung-né*[23]. Ne serait-il pas plus judicieux de te retirer dans une cabane de méditation tranquille, sans souci ni préoccupation, de poser ton esprit de manière détendue sur les aspects essentiels des phases de développement et d'achèvement[24] et de réciter différents mantras?"

— Mais, rétorquai-je, demeurer sept jours dans cet état serait très salutaire et important pour la guérison de ma maladie.

Je ne cessai de les harceler: "Ne devrais-je pas plutôt m'enfermer à clé dans ma chambre sans rien manger ni rien boire?"

— Ne fais rien de tel, dit Tromgué Koundun Rimpoché. Si tu veux que ta maladie s'apaise, il faut que tu accomplisses des rituels et des cérémonies extensifs de longue vie et que tu reçoives les initiations de Vajrakilaya ainsi que le rituel de purification de la divinité Bhurkakuta[25]. Tu dois également racheter la vie d'animaux destinés à être abattus. Si tu souhaites réaliser le bien d'autrui, pratique un rituel comme celui qui se trouve dans le cycle de *La Liberté fondamentale de l'Activité éveillée* des divinités paisibles et courroucées[26], rituel qui permet de libérer les êtres des six royaumes[27]. Invoque le principe de la compassion suprême par la récitation du *mani*[28], des prières de dédicace et de souhaits.

Il m'encouragea ainsi et de bien d'autres façons et, bien qu'il eût été très sage de suivre ses conseils, je répétai que, selon moi, la seule voie était celle que je venais de présenter. Et, sans plus tergiverser, je pris la décision d'agir conformément à mes aspirations.

༄༅ ། Le vingt-cinquième jour du mois lunaire, j'exposai la situation à mon entourage. Le soir, au moment puissant[29] du rassemblement des dakinis, sept lamas et tulkous exceptionnels — dont le plus éminent était le lama omniscient Tromgué

Koundun Rimpoché — se réunirent avec un grand nombre de leurs disciples et de leurs assistants. Cette jeune fille se joignit à eux. Mon esprit devint alors d'une clarté que je n'avais encore jamais connue et des expériences méditatives accompagnées d'états de réalisation très particuliers s'élevèrent dans mon courant de conscience. A portée de voix de Tromgué Koundun Rimpoché, je récitai dans l'ordre correct des textes liturgiques que je n'avais jamais étudiés, *les Préceptes de la Mère Parèdre*, de même que le rituel du festin d'offrande et d'accomplissement[30]. Mon esprit s'emplit d'une joie intense et je sentis que jamais je ne serais plus heureuse que cette nuit-là.

Une fois l'assemblée dispersée, je restai un moment en présence de mon précieux lama. Tantôt de manière calme, tantôt de manière courroucée, il ne cessa de répéter: “Ma fille, je t'exhorte à ne pas réaliser ton projet.” Voyant toutefois que c'était inutile, il finit par dire: “Puisque te voilà déterminée à agir de la sorte, garde bien ces mots inscrits dans ta mémoire. Désormais, ne reste pas, comme par le passé, prisonnière de la voie de l'illusion impure et foisonnante. Demeure établie sans fabrication dans la nature véritable de ton esprit tel qu'il apparaît et se dépose de lui-même. Développe autant que possible la foi et la vision pure de tes lamas et de tes divinités tutélaires, de même que l'amour et la compassion à l'égard de tous les êtres qui ont été tes pères et tes mères[31].”

Sur ce, il m'honora en me donnant lui-même une assiette garnie de morceaux choisis du festin d'offrandes. Il psalmodia: “Puisses-tu demeurer sous la protection des lamas, des Trois Joyaux et du puissant Orgyèn[32]. Jusqu'à ce que tu parviennes à l'Eveil, puissent les obstacles et les empêchements être écartés. Puisse l'intention pure et éveillée des deux aspects de la *bodhichitta*[33], nature fondamentale de la réalité des phénomènes, naître en ton esprit. Puisse la vénérée déesse, la noble Tara, te guider sur ton chemin et puisses-tu ainsi réaliser d'inconcevables bienfaits pour les êtres."

Alors qu'il disait ces mots, une profonde dévotion s'empara de moi et m'emplit les yeux de larmes. Je me prosternai trois fois, puis retournai dans mon lieu de retraite.

Plus tard, j'annonçai à Tulkou Tromgué Troungpa: "Durant cinq jours environ, je serai comme apparemment morte. Qu'aucun des moines ou des disciples ne pénètre alors dans ma chambre, ni ne passe trop souvent devant ma porte, ni ne bavarde ou fasse par inadvertance du bruit qui me perturberait. Retirez toute nourriture de ma présence et ne laissez même pas sept grains d'orge[34]. Afin que je sois purifiée de mes tendances habituelles, des voiles du moment de la conception[35] et des souillures du corps, lavez-moi avec de l'eau safranée qui aura été consacrée par la pratique de Vijaya[36]. Pour susciter des conditions particulièrement favorables, il serait souhaitable que, pendant cette période, une jeune fille nommée Dreulma reste auprès de moi." En l'occurrence, la situation s'arrangea d'elle-même puisqu'une femme vertueuse, dont les engagements sacrés étaient purs et qui s'appelait Tsultrim Dreulma devint ma compagne[37].

Je poursuivis: "Pour qu'on voie clairement à quelle famille de bouddhas j'appartiens et pour éliminer les obstacles, enroulez autour de ma tête un tissu de la couleur du ciel[38]. Jusqu'à mon retour à la vie, Koushab Rimpoché[39] accomplira un festin d'offrandes aux cinq sœurs de Lhamèn Tséring[40]. Tromgué Troungpa exécutera cent rituels d'offrandes à la Reine de la Félicité Suprême du cycle des *Préceptes de la Mère Parèdre*. Afin d'écarter les obstacles à ma vision, les disciples et les serviteurs devront réciter autant de fois que possible la Prière en

Sept Vers, la Prière pour Dissiper les Obstacles sur la Voie ainsi que les mantras de *vajra gourou* et de Tara[41]. Comme protection, verrouillez ma porte à l'aide d'un cadenas qu'une personne habillée en bleu prendra soin d'envelopper dans un tissu bleu. Pour vaincre et supprimer l'influence des démons buveurs de sang, scellez ce tissu avec de la cire en veillant à ce que le sceau soit imprimé à l'envers[42].

"Qu'on m'amène maintenant des vêtements de rechange qui ne soient ni en fourrure ni en cuir[43]. Si je ne meurs pas mais qu'au contraire je revienne à la vie, j'aimerais pouvoir me rincer la bouche; à cet effet, j'aurai besoin d'eau propre, récoltée lors d'une averse de pluie médicinale des sages éclairés, qui se produit par la force des bénédictions et des aspirations du Bouddha Médecin Bhaishajyagourou[44].

"Si l'on demande ce que fait Dawa Dreulma en agissant de la sorte, ne répondez rien de particulier, ni en bien ni en mal, mais seulement que je ne suis ni formellement vivante ni morte. D'ici cinq jours, faites venir mon frère Palchèn qui habite avec ma famille et ma parenté plus bas dans la vallée; dites-lui: "Ta sœur se trouve dans un état qui n'est ni la mort ni la vie. Viens le constater par toi-même." Tout ce que je viens de spécifier est très important et même si cela présente quelque difficulté, je vous prie de le réaliser."

Tulkou Tromgué Troungpa et son entourage ayant promis d'observer à la lettre mes instructions et de respecter leurs engagements, je m'allongeai sur mon lit pour me reposer.

Il avait été enseigné à cette jeune fille: "Laisse ton esprit se poser dans son état naturel tel qu'il se présente de lui-même, sans qu'aucune pensée discursive ne vienne le perturber". Je plaçai donc mon esprit de cette manière. Dans un état d'ouverture et de suprême félicité, je fis une expérience de clarté absolue. Il ne s'agissait pas de l'état latent de *kunshi*, qui n'est que l'absence des pensées discursives[45]. Je ne me laissais pas aller non plus à des sensations de béatitude, de clarté et de conscience non-conceptuelle[46]. Et je n'étais pas simplement tombée dans le jeu incessant de ma confusion. Plus exactement, j'avais pleinement conscience de l'état fondamental de mon esprit dans toute sa condition ordinaire[47]. Comme cette conscience était libre de contraintes, j'avais l'impression de percevoir tous les sons et voix provenant de toutes les terres et non de mon seul environnement immédiat.

༄༅། Le matin du vingt-sixième jour du mois lunaire, au moment où le soleil pointait à l'horizon, la souveraine et vénérée Tara, aussi blanche que du cristal, apparut réellement devant moi au milieu d'un amoncellement d'arcs-en-ciel. Elle tenait une flèche ornée de rubans de soie avec laquelle elle me donna sa bénédiction[48].

Venant du Mont Glorieux du sous-continent de Chamara, un arc-en-ciel étincelant formé de rubans parallèles de cinq couleurs pénétra dans ma chambre de méditation[49]. Un groupe de quatre jeunes femmes drapées de soieries et parées d'ornements d'os arrivèrent par cette voie. La dakini de l'est, la Déesse au Pouvoir de Longue Vie, irradiait une blancheur éclatante; elle portait une flèche garnie de rubans de soie et un vase. La dakini du sud était Akyang Tara; la dakini de l'ouest, Tara du Dragon de Turquoise et la dakini du nord, la Déesse du Nord.

Elles m'installèrent sur une litière recouverte de soie chamarrée rehaussée de motifs rouges et blancs. Aussitôt, nous nous mîmes à chanter ensemble La Prière en Sept Vers et à réciter à haute voix et sans discontinuité le mantra de vajra gourou et le mani. Mon esprit s'ouvrit à un état de félicité suprême, nature essentielle de la clarté absolue, dans lequel je ne pouvais saisir, au sens ordinaire, aucune chose, comme bonne ou comme mauvaise; c'était comme un espace incréé, qui, en lui-même et de lui-même, n'est rien du tout, et qui, cependant, possède un éclat naturel sans la moindre limitation. Cette expérience méditative harmonieuse et spontanée se révéla comme l'inconcevable déploiement d'un mandala de nuages, le champ complètement ouvert de l'expérience pure[50].

J'eus ensuite la sensation de m'élever de plus en plus haut dans un espace indéfini, plus rapidement qu'un vautour sauvage à queue blanche montant en flèche dans les airs. Alors que se déroulait cette expérience extraordinaire, semblable à une fantasmagorie mouvante, je me retrouvai soudain dans un endroit qui m'était inconnu. Au centre d'une plaine immense, si vaste et impalpable que le ciel et la terre semblaient se rejoindre, se dressait un grand rocher en forme de cœur. Des montagnes rouges comme si elles avaient été aspergées de sang s'élevaient à perte de vue, pareilles à des armes pointées vers le ciel où se dessinait une voûte lumineuse scintillant des cinq couleurs de l'arc-en-ciel. Des paons, des grives, des coucous prenaient leur essor et voltigeaient en tous sens. Le parfum agréable d'un encens qui transformait les perceptions emplissait l'air. De tous côtés, le sol était tapissé de fleurs de cinq teintes ravissantes — blanches, jaunes, rouges, vertes et bleues. Je perçus ce royaume comme un endroit réel.

Je vis également une splendide montagne bleu saphir. Mon esprit s'emplit d'une foi inimaginable et de la vision pure. Je récitai continuellement à haute voix les prières de gourou yoga, la Prière en Sept Vers et une prière que Tara elle-même m'avait apprise auparavant; je fis des prosternations et des offrandes de mandala.

Cet endroit était le Glorieux Mont Couleur de Cuivre sur le sous-continent de Chamara. A mi-hauteur environ de la paroi rocheuse, sur une plate-forme très étendue, se trouvait le palais incommensurable de Lumière de Lotus[51]. Constitué de cinq sortes de pierres précieuses, le temple, émanation de la conscience éveillée de Padmasambhava, était un mandala spontané qui s'édifie de lui-même. De l'extérieur, on apercevait l'éclatante transparence de l'intérieur et de l'intérieur, on pouvait voir clairement au-dehors. Le palais, de forme carrée, aux murs festonnés de guirlandes d'arcs-en-ciel, était pourvu de quatre entrées et flanqué de quatre cours où s'élevaient plus de mille autres temples, résidences d'une multitude de *vidyadharas*[52], de dakas et de dakinis.

Cette jeune fille arriva à la porte de l'est. Là, je rencontrai quatre femmes qui me revêtirent d'une robe de soie bigarrée aussi chatoyante qu'un arc-en-ciel, puis disparurent tout aussitôt sans que je sache où.

La gardienne de la porte de l'est m'interpella: "Qui es-tu?"

— Dawa Dreulma, répondis-je, une fille de la famille Tromgué, du monde des humains.

— Pour quelle raison es-tu venue dans ce royaume ?

Je répondis humblement: "Dans le dessein d'accomplir le bien de tous les êtres, je sollicite une audience auprès d'Orgyèn Tsokyè Dorjé[53] et la foule des vidyadharas, des dakas et des dakinis demeurant sur le Glorieux Mont Couleur de Cuivre du sous-continent de Chamara."

La dakini reprit:

Puisses-tu recevoir la bénédiction de Vajravarahi[54].
Que les circonstances adverses et les obstacles
  à ta longue vie soient écartés.
Puisses-tu obtenir l'initiation du vajra immortel
Et assurer le bien d'une infinité d'êtres vivants.

S'offrit alors à mon regard le spectacle de la somptueuse porte de l'est, faite de cristal, surmontée d'un bas-relief où étaient gravés l'image d'un *tathagata*[55] et des mots dont la seule vue conduit à la libération. De part et d'autre de la porte, s'enroulaient en spirale dextre deux dragons taillés dans de la turquoise bleue, incrustés de divers joyaux et tenant des pierres précieuses.

La dakini ouvrit soudain la porte avec une clé en cristal de roche de la taille environ d'une main, sur laquelle étaient tracées des lettres symboliques, magiques et mystérieuses, apparues d'elles-mêmes. J'entrai et aperçus un grand escalier façonné en pierres précieuses. Je montai et, dans une pièce d'une dimension incalculable, me trouvai en présence du régent Jampa Migyour assis sur un petit trône[56]. Drapé d'une cape de soie blanche, paré de nombreux bijoux, ses cheveux liés en chignon, il égrenait dans sa main gauche un *mala* de cristal blanc dont chacune des 108 perles avait la taille d'un pouce[57]. L'entourait une assemblée de plusieurs centaines de dakinis vêtues de soie blanche et célébrant un festin des plaisirs des sens. Des déesses vajra de l'activité, en robes bleues, offraient les morceaux choisis du festin aux quatre points cardinaux.

Au dernier rang de l'assemblée, cette jeune fille se prosterna trois fois et formula des prières de noble aspiration telles qu'elles lui venaient à l'esprit. M'avançant vers le lama, je présentai ma confession, me purifiai par la récitation du mantra de cent syllabes[58] et je fis l'offrande du mandala de l'univers en trente-sept points[59]. A la droite du lama se tenait une dakini qui m'interrogea de manière détaillée sur mon passé; je lui répondis sans détour mais avec modestie. Le lama avait l'air profondément ravi. Je participai à la célébration du festin.

Une femme de couleur bleue me reconduisit ensuite et m'accompagna dans un autre palais incommensurable. Tous ceux qui étaient là baignaient une dakini venant d'une famille des plaines inférieures du Tibet oriental[60]. Je reçus également un bain rituel. Sur un trône élevé placé au milieu de nous, assis sur un très haut coussin de soie rouge, siégeait la lumière qui éclaira les soutras et les tantras[61], ce joyau de la couronne de dix millions de vidyadharas, le maître insurpassable, érudit et accompli, l'omniscient Jamyang Khyèntsé Wangpo[62]. Magnifique et éclatant de jeunesse, il dégageait un puissant rayonnement; il paraissait âgé d'environ seize ans. Revêtu des trois robes monastiques traditionnelles, portant une coiffe symbolisant les trois collections d'écritures[63], il tenait dans les mains un vajra et une cloche[64]. Son entourage se composait de plus de cent dakas et yoginis.

Comme auparavant, je me prosternai, présentai des offrandes et accomplis l'offrande du mandala de l'univers. Je lui remis une pièce de soie d'une blancheur immaculée pour lui demander une audience[65] et récitai autant de prières de souhaits que je le pus. Le lama semblait être d'un tempérament sévère et intraitable; il ne prononça pas un mot et évita délibérément de me regarder.

Je partis et arrivai à un autre palais incommensurable. La gardienne de la porte était une jeune fille qui ne pouvait avoir plus de quinze ans. Je ne la reconnus pas et, cependant, elle me témoigna autant de joie et de plaisir que des parents accueillant leurs enfants. A l'intérieur, sur un siège bas où s'empilaient des traversins recouverts de soie verte, était assise une femme nommée Yul-Lha, une dakini de la région de Dergué, émanation de la divinité Vajravarahi[66]. Ses cheveux étaient noués avec des rubans de soie de la couleur du ciel. Elle tenait un petit texte d'instructions spirituelles et récitait le texte racine de *l'Etat Intermédiaire après la Mort*[67]. Quelque seize dakinis l'entouraient. Je me prosternai à ses pieds et offris de l'encens fait de bois de santal indien blanc. On me donna une nourriture assaisonnée d'épices composées de cinq nectars.

Après que nous nous soyons entretenues longuement de ce qui se passait dans le royaume humain, elle dit: "Au centre de cette région se dresse un pavillon dans lequel tu trouveras quatre escaliers. Evite l'escalier noir car le danger de serpents venimeux menaçants et de démons assoiffés de sang t'y guette. Prends plutôt l'escalier vert."

Sur ce, je poursuivis mon chemin. Dans un autre palais incommensurable, je trouvai une femme assez âgée, aux cheveux gris jaunis par le temps. En cercle autour d'elle, quelque deux cents dakinis récitaient des textes du cycle d'enseignements de Karma Lingpa sur le mandala des divinités paisibles et courroucées ainsi que le *Tantra de la Confession Immaculée*[68]. Cette femme pratiquait la rétention du souffle en faisant la respiration-vase[69]. Lorsqu'elle expirait à fond, elle expulsait de nombreuses créatures habitant les eaux, comme des serpents, des grenouilles, des poissons; de leurs corps surgissaient des arcs-en-ciel blancs, jaunes, rouges et verts tandis que leurs consciences étaient dirigées vers des royaumes purs.

Il s'agissait en réalité d'une dakini qui s'appelait Wangmo. Après m'être prosternée et avoir fait des offrandes, je m'avançai vers elle. Elle posa sur ma tête un mala en os de crâne et, tout en riant doucement, me questionna brièvement pour savoir qui j'étais.

༄༅ ། Dans encore un autre palais incommensurable, je rencontrai une déesse blanche, une dakini d'énergie paisible, assise sur un coussin de soie et revêtue de splendides brocarts, entourée de sept dakinis. Je me prosternai et lui présentai des offrandes. Les dakinis de son entourage chantaient mélodieusement une prière de dévotion pour invoquer l'énergie du noble Avalokiteshvara et une prière de souhaits contenant le mantra en six syllabes. Mais, à ce point de mon récit, je crains d'être trop prolixe et je n'écrirai pas davantage à ce sujet.

༄༅ ། Dans un magnifique palais incommensurable dont la porte faisait face à l'est, apparut la dakini Yéshé Tsogyal, somptueusement parée de soieries, de divers bijoux et d'ornements d'os; sa chevelure ondoyante était noire et lustrée. D'une ineffable beauté, une joie pour les yeux, elle était entourée d'un cortège de cent mille dakinis célébrant le festin d'offrandes du gourou, *L'Assemblée des Gourous-Détenteurs de l'Eveil*, de la divinité racine, *L'Assemblée du Puissant et Glorieux,* et de la dakini racine, *La Reine de Suprême Félicité*[70]. Je participai au festin d'offrande en me prosternant et en faisant des offrandes à Yéshé Tsogyal, ce qui la ravit. Humblement, je lui racontai mon histoire personnelle de manière claire et détaillée.

"Poursuis ton chemin, dit-elle, j'enverrai quelqu'un qui te conduira auprès de ton oncle pour une audience[71]. Tu auras de la difficulté à passer, car le gardien de la porte est impitoyable."

༄༅ ། Je parvins à un palais terrifiant dont la seule vue me fit tressaillir de peur. Des dais en peau humaine étaient suspendus par des cordes faites de serpents. Des crânes et des têtes humaines fraîchement coupées et desséchées, garnies encore de cheveux, pendaient de toutes parts. Les rideaux et les tentures étaient en peau de python noire.

Là, au milieu, sur un trône plus noir que le jais, siégeait un yogi du nom de Pawo Namkha Eusèl, à la peau sombre, noir violacé. Ses cheveux étaient noués en chignon autour d'un vajra dont la pointe était incrustée d'une petite turquoise et il portait des anneaux d'oreilles en coquillage. Vêtu d'une robe blanche, il tenait un grand tambourin et une trompette creusée dans un fémur humain. Il fascinait, de manière irrésistible. Six personnages en longues capes noires l'entouraient. La mine sombre et renfrognée, leur longue chevelure noire glissant sur leurs épaules, ils paraissaient tous extrêmement courroucés. Je me prosternai, leur présentai des offrandes et je fis également des prières de souhaits.

༄༅ ། Je me remis en route et rencontrai une gardienne de porte, une femme blanche de peau portant des soieries et des parures d'ossements. S'appelant Nordzin Dreunma, elle avait eu une connexion avec moi durant plusieurs vies.

༄༅ ། Au cœur d'un palais orange incommensurable, d'essence lumineuse, sur un trône très élevé en cristal rouge recouvert de coussins de soie bigarrée, était assise la sublime parèdre Mandarava[72] de couleur rouge foncé. Dans la main droite, elle tenait une flèche enrubannée de soie et dans la main gauche, un vase de longue vie. Elle portait une courte jupe en soie plissée et des parures de pierreries. Accompagnée d'une suite de cent dakinis de conscience primordiale, elle chantait un chant mélodieux de musique vajra indestructible. Comme auparavant, je fis des prosternations et des offrandes et, inspirée par Tara, je lui adressai une prière de dévotion. Un inconcevable sentiment de foi s'éleva en moi.

Je me levai et m'approchai d'elle. La sublime parèdre posa sur ma tête sa main droite qui tenait la flèche enrubannée et chanta:

> HOUNG - A la limite nord-ouest du pays d'Orgyèn,
> Je vous supplie de venir afin d'accorder
> votre bénédiction.
> Ayant envoyé vos bénédictions en ce lieu excellent,
> conférez les quatre initiations à cette excellente
> pratiquante.
> Ecartez les obstacles d'une mort prématurée.
> Accordez l'accomplissement de l'immortalité[73].

Plus loin, j'arrivai à un superbe et ravissant palais. Douze femmes gardaient la porte est, douze la porte sud, douze la porte ouest et douze la porte nord. A l'est, la porte et les gardiennes étaient en cristal, au sud en or, à l'ouest en rubis et au nord en turquoise.

Dans la direction de l'est, se trouvaient douze déesses dont le dessein était de guider les êtres, dans la direction du sud douze déesses dont la fonction était de montrer la voie qui mène à la libération. Dans la direction de l'ouest, je vis douze déesses de l'élément feu étincelant, et dans la direction du nord, douze déesses qui avaient vaincu les maras[74]. Toutes portaient des robes de la couleur de leur direction respective[75].

Le verrou de la porte extérieure, à peu près de la longueur d'un bras[76], était en or. Une des dakinis ouvrit la porte et me fit entrer. Puis, la porte nord du palais fut ouverte et je pénétrai à l'intérieur de l'édifice, dans une salle soutenue par 180 piliers où 180 dakinis vêtues de soieries et parées d'ornements en os dansaient en récitant sur un air de musique un chant intitulé “La Libération Naturelle des Etats d’Existence Inférieurs”:

> HRI - L’état sans contrainte, libre de toute élaboration conceptuelle est le gourou dharmakaya. ༔ [77]
> La suprême félicité est le gourou sambhogakaya,
> seigneur du dharma. ༔
> Né du Lotus est le gourou nirmanakaya. ༔
> Nous nous prosternons et louons le détenteur vajra
> des trois kayas. ༔
>
> Votre corps éveillé, corps de Samantabhadra[78],
> est immuable. ༔
> Votre parole éveillée est libre de limites et s’élève
> spontanément, guidant les êtres vivants. ༔
> Votre esprit éveillé est inébranlable, au-delà du verbe,
> de l’imagination et de l’expression. ༔
> Nous vous adressons nos louanges, O Lotus Roi doté
> du corps, de la parole et de l’esprit d’Eveil. ༔
>
> Erudit accompli venu de l’Inde, la terre noble,
> si bienveillant envers le Tibet, ༔
> Vajra Né du Lac, libre de naissance, de mort,
> de vieillissement et de décrépitude, ༔
> Amenant au dharma des hordes de démons
> sanguinaires malfaisants, ༔
> Nous vous rendons hommage, O Vénérable
> Padma Theu Thrèng Tsèl[79]. ༔
>
> OM AH HOUNG VAJRA GOUROU PADMA SIDDHI HOUNG. ༔
> MAHA GOUROU PADMA THEU THRÈNG TSÈL LA NAMO HOUNG. ༔

A mesure que s’élevait leur chant, une foi et une joie infinies m’envahissaient.

༄༅ ། Dans un autre palais, je rencontrai une femme blanche de peau, habillée d'un châle et d'une jupe de brocart blanc, tenant un mala de cristal rouge. C'était la nonne Kunga Meunlam, connue également sous le nom de dakini Lékyi Wangmoché[80]. Elle me témoigna une joie sincère. Ayant soulevé une tenture ornée d'appliques de soie, elle m'amena au cœur du palais où se trouvaient les sept dakinis de son entourage qui me firent asseoir sur un coussin blanc.

Lékyi Wangmoché posa sur le sommet de ma tête une flèche blanche de longue vie et entonna:

OM - J'invoque dans la sublime gloire de la conjonction du soleil et de la lune[81], ༔
La longue vie originelle et immaculée. ༔
J'invoque dans la gloire de l'essence subtile du corps de lumière, ༔
La longue vie de suprême félicité sans transition. ༔
J'invoque dans l'indestructible espace, vaste, éternel et stable, ༔
La longue vie continue, libre des entrées et des sorties habituelles de l'existence. ༔
J'invoque dans la nature fondamentalement inconditionnée de la conscience primordiale non-conceptuelle, ༔
La longue vie qui est dérobée, usurpée, brisée ou altérée par la pensée discursive. ༔
J'invoque dans l'état naturel des phénomènes tels qu'ils sont, atemporels et primordiaux, ༔
La longue vie fondée sur l'erreur concernant les apparences du samsara, du nirvana et du chemin spirituel[82]. ༔

S'il n'y a pas de cessation, rien ne peut vieillir, ༔
J'invoque donc aussi la longue vie qui est sans cessation
ni vieillissement. ༔
S'il n'y a pas de naissance, il n'y a personne qui meurt, ༔
J'invoque donc également la longue vie dépourvue
d'origine et de cessation. ༔
Ah Ah Ah. ༔

"Bienheureuse es-tu d'être venue du monde ordinaire des humains dans ce royaume pur, poursuivit-elle. Comme tu es émouvante!" Et elle se mit à pleurer. Elle appela ensuite une jeune fille nommée Apèl, qui me raccompagna.

༄༅ ། La vénérable Tara Blanche me dit: "Dawa Dreulma, ma fille, c'est moi qui t'ai fait sortir du royaume ordinaire des êtres humains et qui t'ai conduite dans ce royaume pur. Mais le temps n'est pas encore venu pour toi ni pour moi de rester ici sur le Mont Glorieux[83].

"Il existe un royaume pur plus élevé que celui-ci, doté des cinq certitudes[84], sphère d'expérience de ceux qui ont atteint le dixième niveau de réalisation. Le corps sambhogakaya du Suprême Compatissant[85], entouré d'une infinité de bodhisattvas masculins et féminins, y dispense l'enseignement du tantra du *Suprêmement Compatissant Seigneur Lotus de la Danse*.

"Au-dessus, se trouve le royaume pur du dharmakaya, libre de toute élaboration conceptuelle. C'est là que réside Gourou Padma qui n'est autre que l'apparence spontanée du seigneur protecteur primordial[86]. Il donne à une assemblée des enseignements spirituels où l'intention éveillée du maître est indifférenciée de celle des auditeurs, présentant des instructions directes qui vont au-delà des symboles, des paroles et des pensées ordinaires: le tantra de la Grande Perfection du secret suprême, intitulé *La Conscience Intrinsèque d'Origine Spontanée*[87].

"De nos jours, les circonstances favorables pour atteindre ces niveaux directement font défaut. Formule donc constamment des souhaits pour y accéder un jour et ne parle à personne de ta venue dans ce royaume[88]."

Ma douleur fut alors si intense que je crus que mon cœur allait se briser; j'étais si triste que je pensais devoir perdre mon esprit, si désorientée que je ne pus me rappeler aucune des pensées qui m'avaient effleurée pendant ce moment; mes perceptions devinrent confuses et troublées. Des larmes coulaient à un point tel que j'avais l'impression que mes yeux allaient tomber. Je me dis: "Même si je pouvais avoir maintenant une audience avec Padmasambhava, je n'ai pas d'offrande convenable à lui présenter, ni or ni argent, ni offrande de mandala, pas même une écharpe de soie."

Tara me donna immédiatement un très long ruban de soie blanche immaculée, qui était enroulé autour de sa flèche. Pleine de doutes, je crus que la flèche s'en trouverait amoindrie. Mais Tara dit: "Elle ne sera jamais amoindrie; cesse donc d'être si pingre." Elle ajouta "Il n'y a pas lieu de te mettre à pleurer. Va voir le Gourou et demande-lui ce que tu veux. Qu'il t'offre de l'or, de l'argent ou des joyaux, n'accepte rien. Demande-lui plutôt une écharpe de soie bleue empreinte de l'image des cinq nirmanakayas[89]. Demande lui également que soient réveillés vos liens karmiques des vies antérieures, que tes actions pour le bien des êtres soient dépourvues de préjugés et de partialité, que te soit donnée la faculté de percevoir directement les êtres dans les états d'existence inférieure et de leur inspirer la vertu et que s'accomplissent tes prières de souhaits, quelles qu'elles soient."

༄༅ ། Puis, je vis encore un autre palais, en cristal rouge, dont les deux ailes attenantes ressemblaient aux manches rouge corail d'un vêtement. Il n'était besoin d'aucune clé pour entrer. A la place, une lettre symbolique rouge figurait au-dessus la porte. Dans l'embrasure, se tenait une femme à la tête chenue et au teint de la blancheur d'un coquillage. Elle avait encore toutes ses dents et s'appelait Déesse au Pouvoir de Longue Vie. Elle accomplit à mon intention un rituel de longue vie et me remit un cristal taillé à six facettes. Ayant toutefois la nette impression que je ne devais pas l'accepter, je le plaçai au sommet d'un mandala constitué de piles de riz disposées en dessins évoquant des motifs indiens.

༄༅ ། Plus loin, je me trouvai devant un palais incommensurable, si vaste et si élevé que ses dimensions étaient impossibles à estimer avec précision. Des pierres précieuses ornaient le faîte des toits. A l'intérieur, je vis des centaines de parasols en plumes de paon, des bannières de victoire en soie, des tentures de satin, des dais de brocart, des festons et des enfilements de perles, d'inimaginables étalages d'offrandes et, pareils aux tourbillons d'un océan de nectar, les monceaux d'un somptueux festin d'offrande prêts à s'écrouler comme des remblais friables.

Ce mandala semblable aux incomparables nuées d'offrandes de Samantabhadra[90] était un déploiement de substances sacrées samaya surpassant la richesse des grands dieux du ciel Nirmanarati[91]. D'un trône colossal, aux dimensions difficiles à évaluer, plus haut même qu'un bâtiment à trois étages, émanaient des rayons de lumière se répandant à l'infini dans toutes les directions. Et sur ce trône étaient empilés trois coussins recouverts de soie multicolore brodée de lotus à mille pétales.

Là, siégeait celui qui est en essence l'union de toutes les sources de refuge et de tous les Vainqueurs, le puissant seigneur de l'esprit éveillé de tous les Vainqueurs, réunissant en une seule personne les trois qualités — la sagesse, l'amour et l'énergie — de tous les Vainqueurs des dix directions, la seule et unique divinité tutélaire du Pays des Neiges, le royaume du Tibet: le Gourou d'Orgyèn, Padma Theu Thrèng Tsèl, l'immortel Vajra Né-du-Lac en personne.

Son corps était blanc rosé. Il tenait dans sa main droite un vajra et dans sa main gauche un vase de longue vie posé dans une calotte crânienne emplie de nectar. Dans le creux de son coude gauche était appuyé le trident du vajra secret[92]. Il était assis jambes demi-croisées avec souplesse, dans la posture de l'aisance royale. Il portait une cape de soie grenat, une jupe de soie rouge, une robe monastique de cérémonie rouge rehaussée de dessins brochés en fils d'or et un vêtement de dessous fait de la soie blanche des dieux. Il était coiffé de la tiare de lotus dont la seule vue mène à la libération.

Quand cette jeune fille aperçut le mandala parfaitement harmonieux du visage du grand Orgyèn, je le contemplai insatiablement. Toutes mes perceptions habituelles et confuses cessèrent d'elles-mêmes et j'éprouvai un sentiment ineffable, inconcevable, aussi inexprimable que le goût du sucre pour un muet[93]. Je demeurai pendant un moment dans cet état intérieur, tout à la fois heureuse et triste.

Dans les quatre directions cardinales autour du grand Orgyèn se trouvaient quatre dakinis de conscience primordiale, dispensatrices de bénédictions, dont le corps illusoire, revêtu de robes de soie chamarrée, formait comme un amoncellement de lumière. Tout en chantant des hymnes de louange, elles agitaient dans les quatre directions des flèches et des vases de longue vie.

A sa droite, sur un autre trône élevé, était assis le vénéré maître de compassion, le grand détenteur du triple vajra[94], le sublime guide Déchèn Dorjé (également connu sous le nom de Drimé Khakyeu Wangpo). C'était la dernière puissante manifestation d'une série de saintes incarnations s'étalant sur de nombreuses existences, parmi lesquelles Songtsèn Gampo (aspect sous lequel le noble Avalokiteshvara apparut comme roi spirituel pour protéger le royaume septentrional du Tibet, le Pays des Neiges), Noub Namnying et Dagpo Da-eu[95]. L'apparence physique de Déchèn Dorjé, resplendissant de la "bannière de victoire" des robes monastiques safran, était encore plus impressionnante que précédemment[96]. Coiffé du bonnet pointu aux longues oreillettes de l'érudit, il tenait un tambourin et une cloche. Autour de lui, placées dans les quatre directions, je vis quatre dakinis blanches portant des flèches ornées de rubans de soie bleue. Devant lui, une dakini courroucée bleu foncé, ceinte d'une écharpe de soie aux multiples couleurs, brandissait une flèche enrubannée de soie bleue.

Sur un trône à gauche du trône principal siégeait celui qui a transcendé toutes les activités, le maître réalisé Jigmé Pawo (connu aussi sous le nom de Dza Keunchog), réincarnation de Lhatsun Namkha Jigmé[97] et fils-de-cœur de Dzaga Chogtrul Rimpoché[98]. Bleu foncé de peau, vêtu d'amples robes de soie et du bonnet d'érudit, il tenait un vase dans les mains. Roi parmi des adeptes accomplis, il était parvenu durant sa vie à la parfaite réalisation des quatre visions de la voie secrète, union de la pureté originelle et de la présence spontanée[99]. Son esprit demeurait établi dans l'état où les phénomènes ordinaires se dissolvent dans la vraie nature de la réalité. Quatre dakinis rouges, vêtues de robes de soie rouge et placées aux quatre points cardinaux l'entouraient. Une autre dakini se tenait devant lui.

Je vis encore une foule de quelque dix mille dakas, détenteurs de la conscience intrinsèque, coiffés de chapeaux en plumes de paon, au milieu d'une nuée de déesses qui faisaient diverses offrandes d'eau pure, d'eau lustrale, de fleurs et de nourritures. Certaines tenaient des vajras et des cloches, ou des petits tambourins à manche, ou des cymbales, d'autres, des gongs en or ou des conques, et celles des quatre directions cardinales, des trompettes blanches, jaunes, rouges et vertes. A l'ouest, deux dakinis habillées en orange soufflaient dans des trompettes en corail; on me dit qu'elles avaient pour fonction particulière d'attirer de cette manière les êtres sur la voie du vajrayana secret. Les cors n'étaient ni en cuivre ni en laiton, mais entièrement façonnés dans des fémurs humains[100]. On entendait aussi résonner plus de cent hautbois. Il y avait une centaine de servants d'autels en robes jaunes, l'épaule gauche recouverte de la traditionnelle pièce de soie multicolore.

Je demandai à l'une des dakinis: “Quel rituel êtes-vous en train d'accomplir?”

Elle répondit: “Le rituel et la cérémonie d'offrande des *Huit Préceptes, Réunion de Ceux qui s'en furent en la Félicité*, essence des enseignements de l'école ancienne de traduction[101].”

Sur ce, toute l'assemblée se leva. Gênée et intimidée, je fis de même et me prosternai rapidement plusieurs fois de suite. M'étant avancée, je plaçai le pied du grand Gourou omniscient sur le sommet de ma tête. Je lui offris un mandala constitué de métaux précieux et de joyaux ainsi qu'une écharpe de soie d'une blancheur immaculée. Le grand Orgyèn mit alors la main sur ma tête et prononça la Prière en Sept Vers.

Mon oncle paternel, Khakyeu Wangpo, commença: “Dotée du pouvoir de longue vie, ta vie sera sans limites...” et, tout en agitant une flèche de longue vie, il récita une liturgie pour invoquer les forces de longue vie.

De son côté, Dza Keunchog chanta:

Claire et éclatante est la perception de la conscience
primordiale. ༔
Lumière éclairant les êtres vivants est le flambeau
de la conscience primordiale. ༔
Resplendissant, majestueux, lumineux et rayonnant ༔
Est le maître qui détient le mantra, le roi des mantras
de la conscience pure. ༔
A ༔ P'AT ༔ A P'AT ༔ A P'AT ༔

Je demeurai agenouillée sur un coussin de soie blanche, ne cessant de pleurer. Les larmes que je versais se répandaient en flots sur le sol de cristal. A la fin, accablée de douleur, je m'écriai: "O précieux oncle, vous avez délaissé les êtres vivants, en particulier ceux d'entre nous qui sommes vos disciples et vos serviteurs, objets de votre affection. Oncle, alors que vous êtes parti sans laisser de traces vers un royaume pur, la peine de cette jeune fille est plus vive que si son cœur avait été arraché. C'est ce que ressentent également vos autres disciples et vos serviteurs. Oncle, je vous adresse ma prière du fond de mon cœur. Il faut que vous retourniez dans le royaume humain pour le bien des êtres. Jusqu'à ce que réapparaisse votre incarnation éveillée, cette jeune fille n'ira nulle part. Je suis venue ici de propos délibéré. Etant venue, je vous ai rencontré et, vous ayant rencontré, je vous ai présenté ma requête. Que tout ce que je vous demande soit réalisé, je vous en supplie!" Les yeux débordant de larmes, je me remis à pleurer.

Drimé Khakyeu Wangpo me témoigna sa profonde affection en répondant: “Dadreul, ma nièce, ce que tu as dit est certainement vrai, mais ne sois pas triste. Il n'y a pas la moindre différence entre le grand Lama Orgyèn et moi. Malgré les dénominations conventionnelles de “naissance” et de “mort”, il n'existe plus à mes yeux, au sens ultime, la moindre notion erronée de naissance ou de mort.

“Tous les êtres vivants ayant eu une quelconque connexion positive ou négative avec moi, ce vieil homme Déchèn Dorjé, ont été conduits sur le Mont Glorieux du sous-continent de Chamara, le royaume pur des Vainqueurs des trois kayas, comme un vol d'oiseaux effarouchés par le jet de pierre d'une fronde[102]. En ce moment même, je te donne ma parole solennelle que les disciples et les serviteurs qui sont capables de me prier deviendront des bouddhas tous ensemble.

“Toi qui souffres à cause de moi, sois vigilante dans ta dévotion, voyant le lama comme le dharmakaya de la bouddhéité. Sois vigilante dans ta compassion en comprenant que les six classes d'êtres sont tes parents. Sois vigilante dans ta pratique de la vertu en veillant à ne ternir aucune de tes actions par une motivation égoïste. Sois vigilante dans tes pratiques de récitation et de méditation, en évitant de tomber sous l'influence des huit préoccupations mondaines[103] et en comprenant qu'à lui seul, le mantra en six syllabes suffit à ta pratique. Sois vigilante dans ta pratique formelle, en regroupant tout dans la vérité de ton esprit. Ne te trompe pas! Ne te trompe pas!

“Dès que vous serez dépouillés de ce corps humain, je vous mènerai tous dans ce royaume pur, telle une oie conduisant ses oisons. Tu le verras bien, par les Trois Joyaux! Quand tu retourneras dans le royaume des humains, transmets ces messages à Tromgué Koundun, aux familles de la région et à mes disciples bien-aimés. Fais comme je dis, car même s'ils venaient à me rencontrer directement, je n'aurais rien de plus à ajouter."

Sur ces paroles, il m'offrit une somptueuse portion de nourriture et de boisson du festin d'offrande. Je le quittai après avoir fait encore trois prosternations.

࿐ | Dans un palais de cristal, où se dressaient dans les huit directions cardinales et collatérales huit dragons de turquoise enroulés sur eux-mêmes et tenant entre leurs griffes des joyaux, je trouvai une couche ravissante garnie d'oreillers et de traversins sur laquelle je m'étendis. Une dakini me fit office de servante. J'eus l'impression de m'être assoupie un bref moment lorsque le cri d'un paon bleu-vert appelant "A A U U E O AM[104]!" me réveilla.

Je retournai immédiatement auprès du Gourou sacré et j'obtins une audience, comme auparavant. Je fis plusieurs prosternations et des offrandes. En la sainte présence de mon oncle, je me remis à pleurer.

— Oncle, non seulement vous nous avez quittés, mais maintenant, pour ceux que vous avez laissés derrière vous, l'unique seigneur de refuge sur qui ils fondent leurs espoirs est Tromgué Chogtrul Rimpoché. Si le mérite qui nous permet de placer notre confiance en lui s'épuise, notre souffrance sera plus grande que celle d'un aveugle sans guide qui tombe dans un précipice. Que faire pour avoir l'assurance que la vie de Rimpoché sera dépourvue d'obstacles, de manière à ce qu'il puisse accomplir sa mission pour le bien des êtres et réaliser les souhaits de ses proches et de ses disciples?"

Oncle Khakyeu Wangpo sembla ému.

— C'est une préoccupation légitime, dit-il. Tromgué Chogtrul vivra encore onze années. Mais comme, d'ici là, il peut souffrir d'une maladie bénigne, il serait bénéfique, pour faire faire demi-tour aux dakinis, d'accomplir un rituel un nombre de fois égal à son âge en offrant une effigie de son corps en direction du soleil levant[105]. Il est alors certain qu'il vivra jusqu'à l'âge prévu.

— Quand reviendrez-vous?[106] demandai-je.

— Présentement, répondit-il, je vais aller dans le royaume pur qu'on appelle le Charnier des Volcans en Eruption afin d'enseigner à ceux qui y sont rassemblés *La Goutte Profonde du Cœur de Chétzun*[107]. On pourrait en dire encore beaucoup sur la manière dont mon incarnation renaîtra par la suite, cependant n'écris rien à ce propos car ces choses doivent être tenues sous le sceau du secret.

"Ma fille, il est maintenant dangereux pour toi de rester dans ce royaume et tu ne dois pas y revenir[108]. Retourne dans le royaume humain et déploie une activité bénéfique pour les êtres vivants. Avant que ne s'écoulent trois années, j'y naîtrai à nouveau."

Malgré ma profonde douleur d'être séparée de mon refuge, je me préparai au retour. Je chantai trois fois à haute voix la Prière en Sept Vers et adressai maintes prières de souhaits particulières à Padmasambhava, à mon oncle et aux Trois Joyaux. En signe de ma venue sur le Glorieux Mont Couleur de Cuivre du sous-continent de Chamara, on me donna le nom de Khandro Shérab Cheudreun (Dakini Flambeau de Sagesse Spirituelle).

La nombreuse assemblée se mit à jouer de la musique et un cortège de dakinis m'accompagna. Je sentis mon corps chanceler et mon esprit s'emplir d'attachement, mais je ne pus rien y faire, ni retenir mes larmes; je récitai un grand nombre de prières de souhaits.

༄ ། Puis, nous nous mîmes en route. Je rencontrai à nouveau la dakini Tséwang Barma qui me donna sept pilules de nectar[109] ainsi qu'un coffret à bijoux de dakini en cristal de roche, d'une coudée de côté. Comme je ne le prenais pas, elle récita au-dessus de moi une belle prière d'aspiration:

> Puissent les enseignements des bouddhas se propager. ༔
> Puissent les lamas bénéficier d'une vie pérenne. ༔
> Puissent les êtres vivants obtenir la félicité et le bonheur. ༔
> Puissent-ils tous parvenir à l'Eveil suprême. ༔

Je rencontrai également à nouveau la dakini Lékyi Wangmoché qui me fit cadeau, entre autres, de soie blanche, de riz et de bâtonnets d'encens; je restai auprès d'elle un petit moment. Elle dit:

> Puisse cette jeune fille jouir de la félicité et du bonheur. ༔
> Puisse-t-elle ne rencontrer aucun obstacle. ༔
> Puisse-t-elle trouver protection et refuge. ༔
> Puisse-t-elle avoir une activité bénéfique pour les vivants. ༔

Après quoi, je revis la sublime parèdre Mandarava. Une femme à l'allure farouche versa de son bol d'aumônes un nectar qui ressemblait à de l'eau charbonneuse et me l'offrit. Mandarava dit:

> Puissent les êtres posséder le bonheur. ༔
> Puissent-ils être libérés de toute souffrance. ༔
> Puissent-ils ne jamais être séparés du bonheur. ༔
> Puissent-ils comprendre l'égalité de tous les phénomènes. ༔

Je rencontrai ensuite le *répa*[110] Namkha Eusèl qui récita:

Précieuse bodhichitta, ༔
Puisse-t-elle s'élever chez ceux en qui elle ne s'est
pas encore élevée, ༔
Puisse-t-elle, lorsqu'elle s'est élevée, ne jamais faillir, ༔
Et continuer à croître encore et encore! ༔
OM MANI PADMÉ HOUNG[111]. ༔

Je me trouvai ensuite en présence de la dakini Yéshé Tsogyal qui me donna un liquide blanchâtre ressemblant à de la sève. Bien qu'elle ait chanté un chant relatif au mantra où apparaît le nom de Padmasambhava, je ne l'ai pas noté. Elle offrit la prière de souhait suivante:

Puisse cette jeune fille Dawa Dreulma, ༔
Dans le monde ordinaire du royaume humain, ༔
Dans le champ de vision qu'embrassent ses yeux, ༔
Tant qu'elle est dans son corps physique, ༔
Vers l'est, lorsqu'elle regarde vers l'est, ༔
Voir une gardienne de porte en cristal; ༔
Lorsqu'elle regarde vers le sud, qu'elle regarde
vers le sud, ༔
Voir une gardienne de porte en or; ༔
Lorsqu'elle regarde vers l'ouest, qu'elle regarde
vers l'ouest, ༔
Voir une gardienne de porte en corail; ༔
Lorsqu'elle regarde vers le nord, qu'elle regarde
vers le nord, ༔
Voir une gardienne de porte en turquoise. ༔
Quand elle chante le mantra du vajra gourou ༔
Puisse-t-elle voir Padma Joungné. ༔
Quand des festins d'offrandes sont célébrés en ce lieu, ༔
Puisse cette jeune fille venir dans ce royaume. ༔

Puisse-t-elle conduire au sous-continent de Chamara ༔
Les êtres avec lesquels elle a établi un lien par la parole ou par le contact[112]. ༔

Elle me dit: "Viens ici les jours du mois lunaire quand les effets de nos actions sont multipliés par cent mille: le dixième, le vingt-cinquième, le quinzième jour et celui de la nouvelle lune."

Elle ajouta: "Pars maintenant sans pleurer", mais elle-même laissa couler ses larmes tandis qu'elle m'accompagnait sur cent pas. Elle fit cette remarque: "A part cette courte distance que j'ai parcourue aujourd'hui, je ne me déplace jamais." Après avoir marché encore cent dix autres pas, je me retournai pour la voir. Je lui étais infiniment attachée, mais elle me cria de loin: "N'éprouve aucune tristesse."

Plus loin, j'arrivai à nouveau à l'endroit où demeurait la dakini Wangmo. Une des gardiennes de la porte me conduisit auprès d'elle. En raison de notre forte connexion, je me mis à pleurer à la pensée d'être séparée d'elle; la dakini aussi versa aussi quelques larmes. Elle me donna une poignée de grains.

— Je ne puis t'accompagner, dit-elle, mais j'ai pour toi un message à ramener. Tu as agis correctement en venant ici après avoir coupé sans hésitation les liens qui te rattachent au royaume humain. Si tu te trouvais dans l'incapacité d'échapper aux mâchoires d'un crocodile cruel ou à un dangereux serpent venimeux[113], jette ces grains en disant: «C'est de la part de la dakini Wangmo.»

Alors que je continuais à descendre, huit dakinis vinrent m'accueillir parmi lesquelles Yul-Lha, la dakini de la région de Dergué dont j'ai parlé plus haut. Tout en discutant de mon expérience dans le royaume pur, nous pleurâmes à maintes reprises. "Pour l'heure, reste cette nuit, dit-elle. Si je peux te conférer une initiation des trois divinités — Amitayus, Samyak et Vajrakilaya — alors toi, ô dakini, tu deviendras, pour les tulkous spéciaux, les lamas, les amis spirituels et les saints terteuns incarnés qui se trouvent dans le royaume ordinaire humain, une noble dakini qui écartera les obstacles à leur longue vie." Je n'eus cependant pas le temps de recevoir cette initiation.

Comme je poursuivais mon chemin, Tara Blanche me conseilla de ne prononcer aucune parole de mauvais augure. Je me retrouvai auprès de Jamyang Khyèntsé Wangpo. Se montrant délibérément plus enjoué qu'auparavant, il rit un peu. Il joignit les mains en se tournant vers moi et Tara Blanche s'exprima de cette manière:

> Que tu joignes ou non tes mains,
> Que tu aies ou non confiance,
> Cette renaissance de la vénérable Tara Blanche
> Va se rendre dans le royaume ordinaire des humains.

Plus bas, le régent Jampa Migyour envoya à ma rencontre un cortège de cinq dakinis. Afin de dissiper ma peur des habitants des enfers, il me donna un cordon de bénédiction avec un vajra taillé dans une plaque d'ardoise ainsi qu'un nœud en forme de scorpion ciselé dans de la pierre. Il récita des prières de souhaits comme celle qui commence par: "Précieuse bodhichitta...[114]"

Au moment où je reprenais ma route, Tara Blanche dit: "Eh bien! Tu n'as pas pris avec toi le coffret à bijoux de dakini en cristal que nous étions censées ramener, à quoi bon alors emporter ce nœud en pierre qui n'est pas indispensable?" Je le laissai donc tomber à terre.

Puis, à l'abri d'une paroi rocheuse, je vis un royaume pur né d'une aspiration élevée, un immense palais en cristal. Le verrou en cristal de la porte de l'est avait à peu près la taille de ma manche. A droite et à gauche au-dessus de la porte, se trouvaient deux effigies d'Amitayus entre lesquelles le mantra en six syllabes était écrit en trois écritures superposées: tibétain, lantza et wardhou[115]. Là, la dakini Yul-Lha (que j'avais rencontrée précédemment) et moi-même, nous fûmes rejointes par une jeune fille de la famille Gya Chagla, nommée Adam. Yul-Lha et elle s'embrassèrent et s'étreignirent joyeusement comme le font les gens dans le monde ordinaire.

A l'intérieur du palais, sur un trône élevé, siégeait un lama d'un âge avancé portant une barbe blanche. Sur un trône placé à côté et en avant du sien était assise la sœur de mon père Tromgué Jigmé Throgyal, Ashé Dreulma. Une femme coiffée d'un turban leur posait à tous deux maintes questions au sujet des enseignements bouddhistes. Environ vingt mille autres femmes se trouvaient là, laïques et nonnes ordonnées, tenant des lampes à beurre en métal et chantant des prières de souhaits.

Je m'approchai et Ashé Dreulma dit: "Transmets le message suivant à Jigmé Throgyè: «J'ai repris naissance dans ce royaume de grande aspiration. Nos deux parents ont repris naissance dans le Zangri Kharmar[116] où, puissants pratiquants tantriques, ils agissent pour le bien des êtres. Lorsque tu étais petite, tu t'appelais Youdra Nyingpo; je ne sais pas au juste quel est ton nom actuellement, mais durant cette vie tu as commis tout à la fois des actes vertueux et des actes négatifs. Du fait qu'il est difficile pour un simple mortel dans l'existence cyclique de ne pas agir de la sorte, l'important c'est que tu aies obtenu cette fois-ci une naissance humaine. Le moment est venu d'en actualiser le potentiel, récite par conséquent le mantra de six syllabes et ne manque pas de faire parfois des retraites. Tu renaîtras alors sans aucun doute sur le Mont Glorieux de Chamara immédiatement après avoir quitté cette vie»."

Je fis également de ferventes prières de souhaits.

Voilà donc ma brève vision du Mont Glorieux. Moi, humble fille de la famille de Lama Tromgué, appelée Dawa Dreulma, je suis morte pendant cinq jours et j'ai eu ces visions du Mont Glorieux, du Mont Potala et d'autres royaumes. Ces récits ne sont ni embellis de mots savants, ni ornés des figures de style de la poésie classique, ni composés selon les règles de la versification. Je n'ai pas non plus rendu inintelligibles les paroles mystérieuses des dakinis.

Ce sont là les divagations et les propos décousus tenus par cette jeune fille-même et transcrits par l'incarné Nyag Trulpa[117] tels que je les ai racontés, au sommet du col de Mani Tashi dans la région de Throm.

Je confesse à la foule des dakinis et des gardiens du dharma toutes les erreurs qu'ils pourraient contenir. Puisse le mérite qui en découle être, pour tous ceux qui entendent ne serait-ce que mon nom et qui s'intéressent avec dévotion à ces expériences de vision pure, la cause d'une renaissance sur le Mont Glorieux du sous-continent de Chamara.

Bonne fortune, bonne fortune, bonne fortune!

Sarva mangalam – Que toutes les circonstances soient propices.

- 2 -

REFLETS DANS LE MIROIR DE CRISTAL

LES SIX ROYAUMES D'EXISTENCE IMPURS

Hommage à Avalokiteshvara, noble souverain de l'univers.

Vos mille bras sont les mille monarques universels;
Vos mille yeux, les mille bouddhas de ce kalpa fortuné.
Vous vous manifestez de la façon qu'il faut
pour soumettre les êtres.
Je me prosterne devant vous, noble et sublime
Avalokiteshvara.

Je me prosterne devant celle qui nous protège
des huit peurs[1];
Je me prosterne devant celle qui nous guide sur le chemin
des royaumes supérieurs;
Je me prosterne devant celle qui nous conduit
à la libération:
Je me prosterne devant Tara, avec qui toute connexion
est bénéfique.

Leurs formes resplendissantes réunissent tous les
bouddhas;
Ils sont l'essence même de celui qui détient le vajra,
Ils sont la racine des Trois Joyaux:
Je me prosterne devant les seigneurs gourous.

En rendant hommage, en faisant des offrandes,
en me confessant,
En me réjouissant du mérite des autres, en exhortant
Les maîtres à enseigner et en implorant les bouddhas
A se manifester dans le monde,
J'ai accumulé des vertus que je dédie,
Aussi petites soient-elles, à l'insurpassable Eveil suprême.

Présentement, Koundun Rimpoché qui a la vision
de l'enseignement du Bouddha,
Les deux tulkous extrêmement bienveillants[2],
Les aimables parents qui m'ont donné naissance
et d'autres,
M'ont encouragée maintes fois, au point que je ne puis
les ignorer;
C'est pourquoi j'ai écrit ce récit qui n'est qu'une goutte
dans l'océan.

Moi, cette humble jeune fille nommée Dawa Dreulma,
J'ai engendré la motivation pure et j'ai franchi la porte
du dharma.
J'ai renoncé à une conduite mauvaise ainsi qu'aux actes
nuisibles et non-vertueux.
J'ai fait autant d'offrandes que possible aux Trois Joyaux
Et la charité aux mendiants, de toutes les manières
que j'ai pu.
Je me suis efforcée de pratiquer la vertu.
Ayant abandonné les attitudes mauvaises, je m'applique
à n'avoir que des comportements compatissants.

Certains disent: "Sa renaissance est fortunée",
Et ils rejoignent les rangs de mes disciples fidèles
et dévoués.

D'autres disent: "Elle n'est ni un dieu ni un démon."
Quelles que soient leurs explications, il est difficile de prendre pour vrai ce qu'ils disent.

De toute façon, je suis une jeune fille ayant peu de désirs et de besoins.
Je n'ai aucun espoir d'acquérir de la renommée.
Je n'ai pas la force d'assumer la charge
D'une héroïne qui recherche une position privilégiée.
Je n'aspire à aucune richesse ni à en obtenir la moindre parcelle.
Je ne souhaite pas enseigner et je n'ai ni une bouche intelligente ni une langue pleine d'esprit.

Même ainsi, avec un esprit parfaitement pur et altruiste,
Je sens que je pourrais influencer les esprits de quelques êtres;
Je parlerai donc d'un chemin noble, infaillible et direct.
Si vous croyez que ceci est la vérité, ce sera le plus grand service que vous pourrez vous rendre à vous-mêmes,
Car, en faisant des choix conformes à l'éthique, vous assurez votre propre bien-être.
Alors, écoutez bien mes paroles que voici!

Ceci est l'histoire de ma mort et de mon voyage aux enfers.
De révérés lamas de haut rang,
Des dirigeants tout-puissants et influents, assis sur leurs trônes,
De riches administrateurs de fortunes qui trafiquent le bonheur et accumulent les biens matériels,
Lorsqu'ils meurent et vont dans les royaumes des enfers,
Ils n'y trouvent pas des multitudes de moines rassemblés

en grande pompe et avec magnificence,
Ni des parades de soldats arborant armes et épées,
Ni de grandes réserves de vivres ou de richesses servant à corrompre.
Une position élevée, une puissance et un pouvoir impitoyables,
Les possessions des riches, les corps gracieux des êtres beaux,
Un esprit rusé et des explications habiles
Ne peuvent séduire ou duper le seigneur de la mort.
Y a-t-il quelqu'un dans ce royaume humain qui ait pu y demeurer sans mourir?
Quelqu'un qui n'ait pas été séparé de sa famille et de ses amis?
Quelqu'un qui n'ait pas dû laisser derrière lui ses acquisitions?
Quelqu'un qui n'ait pas été déchu d'un rang élevé?
Ce serait mieux pour tout le monde si de tels gens existaient!

Bien que nous parlions de l'enfer comme d'un lieu très éloigné, ce n'est pas le cas.
Bien que nous parlions du bardo[3] comme d'un ailleurs où nous devons nous rendre, ce n'est pas le cas.
La mort nous poursuit comme l'ombre attachée à notre corps.
Vous êtes des plus avisés si vous vous préoccupez de votre mort inéluctable.
Quand vient l'heure de mourir, est-ce que les parents et les enfants,
L'époux et l'épouse, la famille et les amis ainsi que les richesses et les possessions

Offrent le moindre secours ou refuge? Regardez et voyez!
Ils vous font le plus grand mal en vous envoyant
  dans les royaumes inférieurs[4].
Qu'est-ce qui serait alors bénéfique? Les Trois Joyaux
  infaillibles.
Si vous gardez un esprit noble et vertueux et
  si vous récitez le mantra mani en six syllabes,
Vous ne vous engagerez pas sur le chemin menant aux
  renaissances inférieures de l'existence cyclique,
Mais vous parviendrez à l'Eveil insurpassable et parfait.
OM MANI PADMÉ HOUNG HRI.

Ne manquez pas de nous accorder refuge, ô gourous
  et Trois Joyaux[5].
Ne nous refusez pas votre compassion,
  noble Avalokiteshvara.
Soyez nos protectrices de refuge, nobles déesses
  blanche et verte[6].
Montrez-nous le chemin qui mène à la libération,
  ô Vainqueurs et vos héritiers.
OM MANI PADMÉ HOUNG HRI.

Dans le ciel vide et la terre vide de l'état de bardo
  entre la mort et la renaissance,
Nous n'avons ni père ni mère auprès de qui nous réfugier.
En ce lieu désolé et étrange errent des êtres
  du monde ordinaire, l'esprit brisé.
OM MANI PADMÉ HOUNG HRI.

Je vais maintenant parler de mes expériences visionnaires. Moi, la jeune fille Dawa Dreulma, alors que je montais par un défilé inconnu et terrifiant, je rencontrai une certaine Shérab Dreunma, une fille de la famille de Raga

Shag, un des ministres du gouvernement de Lhassa. Parce qu'elle était une incarnation de la divinité Vajravarahi, tous ceux qui lui étaient liés par le fait d'avoir partagé avec elle ou reçu d'elle des biens ou de la nourriture, devaient être conduits dans le royaume pur de Chamara. Elle était donc apparue dans les royaumes de renaissance inférieurs, d'où elle avait sorti environ cent millions d'êtres. Quand je la vis, elle chantait le mani sur un air très mélodieux, faisant naître une telle dévotion que tous ceux qui étaient là eurent les larmes aux yeux.

Toutes deux, la noble déesse Tara Blanche (la divinité avec laquelle j'ai une connexion karmique personnelle et qui m'a guidée durant de nombreuses vies) et Shérab Dreunma, se manifestèrent sous des formes d'apparence ordinaire. Elles se témoignèrent réciproquement de l'affection, comme lorsqu'une mère et son enfant se retrouvent. En outre, à mon égard, Shérab Dreunma se comporta d'une manière qui parut dévouée et pleine de respect. Elle entonna alors le chant suivant:

> OM MANI PADMÉ HOUNG HRI.
> Il y a cinq chemins: blanc, rouge, bleu, vert et jaune.
> Toi, jeune fille, tu sais quel chemin suivre.
> Tara Blanche, conduisez-la sur ce chemin!
> Le chemin blanc mène à l'ouest
>   au Royaume de Béatitude,
> Le royaume pur du Bouddha Amitabha.
> Le chemin rouge mène à Chamara,
> Le royaume pur de Padmasambhava.
> Le chemin bleu mène au Mont Potala,
> Le royaume pur du noble Avalokiteshvara.
> Le chemin vert mène à Youlokeu,
> Le royaume pur de la noble et vénérée Tara.

Le chemin jaune mène au Royaume supérieur des Fleurs,
Le royaume pur du régent Jampa Gœunpo.
Si l'on ne peut décider lequel suivre,
On erre vainement dans le bardo après la mort.
Toi, Dawa Dreulma, tu sais où aller.
Puisses-tu atteindre le royaume que tu recherches.

Je suis une émanation de Vajravarahi.
Il n'y a point d'états de renaissance inférieurs pour ceux
Qui ont établi avec moi
Un lien par la parole ou le contact.
Depuis le Mont Glorieux de Chamara,
Rends-toi dans le royaume des humains.
Puisses-tu recevoir les bénédictions pour t'engager
sur le chemin de la libération.

Elle poursuivit: "Ma fille, il serait peut-être préférable que tu retournes dans le royaume des humains. Mais, du moment que tu n'as que seize ans, tes capacités mentales ne sont pas pleinement développées et, du fait que tu as repris naissance dans un corps de femme, tu n'auras que peu d'autorité. Puisque les gens, en cet âge décadent, admettront difficilement la véracité de tes récits, le bienfait que tu peux leur apporter en sera diminué." Les larmes coulèrent abondamment de ses yeux par pitié pour moi.

Tara Blanche, qui me servait de guide sur mon chemin, sembla quelque peu contrariée par ces mots. Elle répliqua:

Cette jeune fille est différente de celles du monde
ordinaire,
Car elle est une émanation de Tara Blanche.
C'est une jeune fille à l'esprit vertueux.
C'est une jeune fille emplie de compassion.

C'est une héroïne dotée d'un grand courage.
C'est une dakini comme en témoigne une prophétie.
C'est la nièce de quatre lamas.

Le pur Khakyeu Wangpo est parti pour un temps
pour Chamara;
Cette jeune fille est allée dans ce royaume-là avec l'espoir
de le rencontrer.
Elle est venue en ce lieu, sans être attachée à son aimable
père;
Elle est venue en ce lieu, sans être attachée à sa mère;
Elle est venue en ce lieu, sans attachement
aux possessions, à la nourriture ou aux richesses;
Elle est venue en ce lieu, sans attachement à des amis
ni à des serviteurs.

Inséparable du seigneur Manjughosha[7],
Seigneur protecteur, émanation de l'activité
de mille bouddhas,
Le grand Sakya Seunam Tsémo[8] est le seigneur du refuge.
Son émanation, sous la forme d'un ami spirituel,
L'excellente incarnation Lama Tromgué Chogtrul,
N'a cessé de la dissuader, en lui disant: "Ne pars pas!"
Mais elle n'a pas voulu écouter et elle est venue
dans ce royaume.
Elle a également rencontré d'insondables royaumes
de vision pure.
Si elle retourne dans le monde des humains,
Elle pourra parler de l'éthique qui consiste à adopter
une conduite vertueuse
Et à rejeter les actions nuisibles.
Elle pourra exercer une influence sur l'esprit des êtres.

Elle pourra accomplir pour eux d'innombrables bienfaits.
Elle pourra rendre compte de ses visions
dans ces royaumes.
Elle pourra visiter à nouveau ce royaume.
C'est pourquoi il n'y a pas lieu de la traiter avec pitié,
Ni de ressentir de la tristesse en votre cœur.

Puis, nous nous remîmes en route.

A l'entrée du long et terrifiant passage menant au bardo se trouvait un proche disciple de Tromgué Koundun Rimpoché, un certain Lama Gyajam. Ses cheveux étaient attachés en chignon et il portait un châle et une jupe en tissu blanc. Malgré mon fort désir de l'aborder, nous n'eûmes aucun contact et je m'en allai aussitôt. Je demandai à la mère compatissante des Vainqueurs: "Ce lama qui est des nôtres, le réalisé Gyajam, de quel endroit, de quelle direction est-il venu? Et dans quel but?"

Les déesses Tara Blanche et Tara Verte répondirent :

Cet homme réalisé et particulièrement noble auquel
on a donné le nom de Manjughosha[9]
A placé sa confiance en un bienveillant lama
extrêmement compatissant.
Parce que sa connexion karmique était grande,
il a développé la parfaite réalisation;
Parce que ses efforts étaient grands, il a pratiqué
le dharma avec courage;
Parce que sa compassion était grande, il est venu
dans le bardo enseigner le dharma.

OM MANI PADMÉ HOUNG HRI.

Il y a encore quelque chose à raconter: donnant l'impression d'un blizzard, des centaines d'êtres tournoyaient, emportés vers le haut; des milliers d'autres tombaient, comme une forte chute de neige. Ils criaient et leurs voix ressemblaient aux grondements de mille dragons. Leurs yeux répandaient des larmes non moins abondantes qu'une année de pluies. Depuis le haut du défilé sablonneux qui sépare la vie et la mort jusqu'en bas, vers les grandes plaines de fer incandescent des enfers, leur nombre était incalculable, semblable aux grains de sable au fond des océans. Ils ne connaissaient ni trêve ni repos, comme brebis et agneaux mélangés[10]. Leurs souffrances infinies étaient comparables à celles d'un poisson sur la terre ferme. Ils n'avaient pas plus de chance de s'échapper que celui qui tente d'escalader une colline de sable. Ils étaient aussi dépourvus de moyens pour résister à leurs tourments que celui qui est précipité dans un four brûlant. Ils éprouvaient les apparences trompeuses de leur karma, de la même manière qu'une victime des hallucinations d'un mirage. Noble déesse compatissante, guidez ces êtres qui subissent de si chaotiques effets du karma!

OM TARÉ TOUTTARÉ TOURÉ SOHA.

Dans une vaste plaine déserte du bardo, errait Lozang Dreulma, la fille de Tromgué Kunga Dargyé. Ses souffrances n'étaient ni extrêmes ni légères. Elle me confia le message suivant :

> Dis ceci aux membres de ma famille:
> Si vraiment vous sentez que votre fille est
> en train de souffrir,
> Une seule récitation du mani serait très bénéfique.
> Si vous arrivez à réciter le *Soutra de la Libération*,

Autant de manis que possible,
Ainsi que le *Tantra de la Confession Immaculée*,
Je pourrai abandonner ce corps de bardo
Et obtenir une renaissance humaine au samaya pur[11].

L'esprit empreint de compassion, je récitai de loin, à haute voix dans sa direction, le mantra en six syllabes et elle disparut, telle une plume emportée par le vent.

OM MANI PADMÉ HOUNG HRI.

Tout en haut du défilé sablonneux qui sépare la vie et la mort, s'étendait une morne plaine, la vaste steppe grise de la mort. Aucun gué ne permettait de franchir les remous tumultueux de la rivière des morts aux eaux brunes et troubles. Le redoutable pont à six arches des morts me glaça le sang. Les effrayants messagers de Yama, le seigneur de la mort, étaient extrêmement féroces et voraces. Sans protecteur au pays de la mort, les êtres sont si démunis!

OM MANI PADMÉ HOUNG HRI.

Aga, la belle-fille de la famille Gyatèn de Thromthog, se trouvait dans la rivière brune infranchissable des morts, en proie à d'inconcevables tourments. C'était la conséquence d'avoir offert du thé rempli d'impuretés à des assemblées de nombreux moines. Je chantai le mani et Tara la sauva en la retirant du turbulent flot brun à l'aide d'une flèche enrubannée.

Je continuai à descendre vers un endroit terrifiant dépourvu de toute lumière où l'obscurité était si dense que je ne voyais devant moi qu'à portée de bras. Une pluie de feu tombait d'en haut. Le sol semblait être en fer incandescent.

Du métal en fusion coulait dans toutes les directions et diverses armes étaient éparpillées partout. Le corps des êtres qui se trouvaient là mesurait environ cent brasses, leur peau avait la noirceur de l'encre. Ils criaient en un continuel vacarme, comme cent brebis qui retrouvent leurs cent agneaux : "Hélas! Hélas! Oh! O désespoir! Ah! O Père! O Mère! Aidez-moi! Oh, je brûle!"

A un certain moment, cette apparition chaotique et effroyable parut se dissiper.

Au centre d'une autre vaste plaine se dressait un trône de fer noir, à peu près de la taille d'une maison à trois étages, sur lequel siégeait Dharmaraja[12], le seigneur de la mort. Avec son corps d'un brun foncé violacé, il apparaissait terrifiant, courroucé et cruel. Ses yeux, brillant de l'éclat du soleil et de la lune, étaient injectés de sang et lançaient des éclairs. Des verrues couvraient ses joues et d'autres parties de son visage. Il portait sur le haut du corps la dépouille récente d'un éléphant, autour de la taille la peau écorchée d'un être humain et, en dessous de la ceinture, une jupe en peau de tigre. La tête coiffée d'une couronne de cinq crânes humains desséchés, il était paré de vêtements de soie et de nombreux ornements d'os et de pierres précieuses. Dans la main droite, il tenait une planche du destin aux lignes entrecroisées et dans la main gauche, le miroir du karma[13]. Il était assis les jambes croisées. Un éclat insoutenable émanait de son corps.

Devant Yama se tenait Malveillance, un serviteur à tête de serpent, un miroir à la main. Orgueil, à tête de lion, tenant un tambour de tribunal, se trouvait à sa droite. Derrière lui, il y avait Destinée, à tête de singe, avec une balance. Et à sa gauche, Awa-à-Tête-de-Bœuf, portant des rouleaux de manuscrits. Faisaient cercle autour d'eux des millions et des millions de serviteurs du seigneur de la mort, apparaissant sous des formes dotées de têtes d'animaux variés.

Toutes les deux, Tara Blanche et moi, la jeune fille, nous fîmes trois prosternations et l'offrande de la prière de louange suivante:

> Dans la reconnaissance (de ce qui est), c'est seulement
> cela: l'esprit lui-même;
> Sans la reconnaissance, c'est le grand et terrifiant
> Seigneur de la mort.
> En réalité, il est le Vainqueur, le dharmakaya
> Samantabhadra.
> Hommage et louanges aux pieds de Dharmaraja.
>
> Dans la reconnaissance, c'est le Bouddha Vajrasattva;
> Sinon, c'est Malveillance à tête de serpent.
> En réalité, il est l'esprit d'Eveil, la colère étant
> entièrement purifiée.
> Hommage et louanges au grand serviteur
> qui tient un miroir.
>
> Dans la reconnaissance, c'est le Bouddha
> Ratnasambhava;
> Sinon, c'est Orgueil à tête de lion.
> En réalité, il est l'esprit éveillé, l'orgueil
> étant entièrement purifié.
> Hommage et louanges au grand serviteur
> qui tient un tambour de tribunal.
>
> Dans la reconnaissance, c'est le Bouddha Amitabha;
> Sinon, c'est Destinée à tête de singe.
> En réalité, il est l'esprit éveillé, le désir et l'attachement
> étant entièrement purifiés.

Hommage et louanges au grand serviteur
qui tient une balance.

Dans la reconnaissance, c'est le Bouddha Amoghasiddhi;
Sinon, c'est Awa-à-Tête-de-Bœuf.
En réalité, il est l'esprit éveillé, l'envie étant
entièrement purifiée.
Hommage et louanges au grand serviteur
qui tient les rouleaux.

Ils ne connaissent ni la vertu ni le mal, ces serviteurs
de la mort courroucés.
Puissent les êtres qui n'ont rien fait,
Qui n'ont accumulé aucun mauvais karma,
Renaître dans un royaume pur sans erreur et sans crainte,
Sans être conduits sur des chemins impossibles
à supporter et dont on ne peut s'échapper.

Dharmaraja esquissa un sourire et répondit: "Eh bien maintenant, fille du royaume humain qui t'exprimes si bien, quelle sorte de karma positif et vertueux as-tu accumulé? Quelle sorte de karma négatif et mauvais as-tu accumulé? Parle honnêtement, car mentir ne servirait à rien!"

Tara Blanche se leva, offrit à Dharmaraja trois prosternations et prit la parole:

— J'ai une remarque à faire à son sujet.

— Très bien, répliqua-t-il.

— Cette jeune fille, poursuivit-elle, est une fille de la famille de Lama Tromgué. En ce qui concerne ses actes vertueux, elle fait autant d'offrandes qu'elle peut aux Trois Joyaux, pensant qu'ils lui sont supérieurs. Grande est sa compassion et elle ne dénigre pas en les considérant comme inférieurs à elle les méchants, les mendiants ou les indigents. Elle est très généreuse, seigneur. Même si elle-même n'a pas considérablement pratiqué l'enseignement du Bouddha, elle a incité les autres à la pratique et les a encouragés à exercer la vertu. Elle est toujours animée d'une grande foi, de dévotion et de bodhichitta. Elle n'a jamais commis le moindre acte nuisible ou non-vertueux, mon seigneur."

Après qu'elle lui eut soumis ceci, Yama dit: "Eh bien! Celui qui a la tête de serpent va consulter son miroir pour voir si c'est vrai."

Le serviteur à tête de serpent regarda dans le miroir et annonça: "L'image est comme le soleil qui perce les nuages." Celui qui a la tête de lion frappa le tambour de tribunal et prononça: "Le son est doux." Celui qui a la tête de singe pesa les actions sur la balance et déclara: "Sa vertu est prédominante au plus haut degré; il y a à peine plus d'un ou de deux actes nuisibles."

Enfin, le garde à tête de bœuf jeta un coup d'œil sur les rouleaux et dit: "Une minute! N'as-tu pas commis quelques actions malveillantes, comme d'écraser des œufs d'oiseaux par terre ou de faire preuve de trop d'obstination?"

A ces mots, Dharmaraja gloussa et reprit: "Ho, ho! Eh bien, ma fille, même si toi, tu es pleine de compassion, lourdes sont les fautes des personnes malfaisantes. Si je devais en punir certains et pas d'autres, en tant que roi sur les actions mauvaises, je serais certainement forcé de supporter les conséquences de mes propres manquements au devoir. Alors, pour le moment, je vais te renvoyer encore une fois dans ton royaume, mais tu dois confesser tes actes négatifs et veiller à être aussi vertueuse que possible. Garde à l'esprit les scènes de l'enfer, les messages de ceux qui sont décédés et ces conseils de Dharmaraja. Rapporte-les également aux autres en les incitant tous à pratiquer la vertu."

Regardant autour de moi, j'aperçus une jeune fille de la région de Zourpa, qui s'appelait Bilima. Un serpent noir aussi épais que le tronc d'un pin était enroulé autour de son corps de la tête aux pieds, donnant l'impression qu'elle se trouvait enveloppée dans une couverture. Dans un vacarme assourdissant, des serviteurs de Yama hurlaient: "Ha, ha! Ho, ho!". Ses larmes abondantes tourbillonnaient comme un océan et j'entendais son appel au secours: "O Père, ô Mère, aidez-moi!"

Les serviteurs criaient:

O méchante fille qui tue les serpents,
C'est inutile d'appeler ton père et ta mère.
Ceci est le résultat des actes que tu as toi-même commis.
Tu ne pourras y échapper pendant mille kalpas!

Telle était la conséquence d'avoir tué un serpent en moissonnant l'orge dans les champs. Sa vieille mère s'était effrayée des suites de cet acte et lui avait dit: "Démone que tu es, ne pleure pas; confesse cet acte!" La fille avait éclaté de rire et cette renaissance en était le résultat.

Une jeune fille nommée Palkyi, du district de Nyagrong, se trouvait là également. Les serviteurs de Yama avaient placé au-dessus d'elle une passoire en fer à travers laquelle ils versaient du métal en fusion incandescent, d'une extrémité à l'autre de son corps. Avec des bruits de grésillement, sa chair et ses os étaient carbonisés et calcinés. Elle geignait faiblement, incapable de crier à haute voix. Les serviteurs vociféraient: "O malfaisante jeune fille, dans le monde humain ordinaire tu traînais aux abords d'une assemblée de moines ordonnés et tu t'es mise à sourire et à les séduire. Ton ourlet, la bordure de ton vêtement, soulevait la poussière. Un moine a dit: “Ne te conduis pas de cette manière; n’accumule pas du mauvais karma!” Mais tu ne l’as pas écouté et ce qui t’arrive maintenant est la conséquence d’avoir perturbé ces membres de la sangha. Il n’y aura aucune possibilité d’être libérée pendant mille kalpas.”

La mère compatissante des Vainqueurs agita une flèche enrubannée de soie; moi, la jeune fille, je récitai mélodieusement le mani. Libérée de cet état inférieur, Palkyi reprit naissance dans le royaume de ses prières; toutefois, semble-t-il, elle devait encore subir quelques-uns des résultats de ses actes.

OM MANI PADMÉ HOUNG HRI.

Je remarquai ensuite une vieille femme de la région de Tro, du nom d’Anag. Sous l’effet du métal liquide bouillant versé dans sa bouche, son corps éclatait en morceaux de la tête aux pieds. Je la vis soumise à cette souffrance maintes et maintes fois. On me dit que c’était dû au fait qu’elle avait empoisonné un lama[14].

Dingla de la région d’Aso, ainsi que Khargya et d’autres — en réalité, la plupart des gens de cette région — erraient dans le bardo. De même que Rinchèn Dargyé. Un certain Nyima Holèb avait repris naissance dans l’Enfer des Résurrections[15]. Il y avait également une dizaine de personnes d’Aji. Certains avaient repris naissance dans les royaumes des enfers, d’autres dans les royaumes des prétas[16].

Parmi eux, un dénommé Abo avait une tête aussi grosse qu’un grand pot d’argile et un corps horriblement déformé. Sa bouche était aussi petite que le chas d’une aiguille et son œsophage de la largeur d’un crin de cheval, tandis que son estomac était aussi vaste qu’une ville entière. Ses ongles transperçaient par trois fois ses poings serrés. Il ne trouvait rien à manger; des langues de feu jaillissaient de sa bouche. Les douleurs qu'il éprouvait dépassent l'imagination.

Je demandai: "Quelle action a causé les tourments de cet homme?" On me dit qu'il n'avait jamais fait d'offrandes aux Trois Joyaux en les considérant comme supérieurs à lui et qu'il avait peu exercé la charité envers les êtres des états d'existence inférieurs, les estimant inférieurs à lui. Il n'avait jamais donné davantage qu'une petite quantité et de surcroît avec avarice, par crainte de manquer de nourriture.

Une de mes connaissances, un certain Atar de la famille Tanpa de Thromthog, se trouvait là. Voici son message pour sa mère et ses proches:

"Ne négligez pas votre pratique de la vertu, de la récitation des manis et du rituel d'Akshobhya[17], ainsi que les offrandes à de grandes assemblées de moines."

Tashi Deundroub, de la famille Nag avait également repris naissance là, souffrant de manière inconcevable. J'interrogeai ma compagne Tara: "Quels actes cet homme a-t-il commis qui ont abouti à ce résultat?"

Elle répondit: "Il n'a pas respecté ses engagements sacrés et il a agi en égoïste arrogant pensant: «Vais-je obtenir ceci?» et: «Vais-je obtenir cela?»"

Il me remit le message suivant destiné à sa famille: "Je vous en prie, récitez pour mon salut soixante-dix millions de manis et le *Soutra de la Libération*, confessez vos actes nuisibles et offrez des prières de dédicace dans de vastes assemblées."

Gyasheu Atsang, ainsi qu'un nombre incroyable d'autres personnes qui m'étaient connues ou inconnues, avaient repris naissance dans un royaume des prétas. Ce royaume était horrifiant. Les êtres s'y sentaient extrêmement démoralisés parce qu'ils ne pouvaient à aucun moment trouver la moindre chose à manger ou à boire. Leurs cheveux étaient hérissés, leur corps émacié, leur bouche ressemblait au chas d'une aiguille, leur gorge à un crin de cheval, leur ventre à un pays entier et leurs membres à des brins d'herbe. Leurs très longs ongles transperçaient neuf fois leurs mains.

La majorité des prétas gardaient dans le creux de la main un peu de salive qui leur avait été dédiée par Jamyang Kyèntsé Wangpo[18], mais ils allaient devoir souffrir des centaines et des milliers d'années avant de pouvoir ouvrir la bouche pour en lécher un peu. Passé ce bref répit, ils ne connaîtraient aucun réconfort. Dans leurs tourments, tous se lamentaient: "Que vais-je manger? Que vais-je boire? J'ai faim! J'ai soif! Hélas! Hélas! Hélas!"

Les gardiens des royaumes des prétas étalaient diverses victuailles et des richesses, puis empoignaient des épées affilées en lançant des regards menaçants. A peine les prétas poussés par la faim s'approchaient-ils pour se saisir de ces mets et boissons que leur corps était tailladé par ces épées pendant qu'ils hurlaient sous le choc.

Les demi-dieux connaissaient l'intense tourment d'être en conflit avec les dieux résidant sur les pentes du Mont Soumérou[19]. Sous l'emprise d'une insupportable convoitise des splendeurs et richesses des royaumes des dieux, ainsi que des jeux de séduction des déesses qui chantaient et dansaient, ils ne pouvaient toutefois qu'éprouver l'inimaginable douleur d'être vaincus par les mains des dieux. Ceux-ci lançaient des disques aux pointes acérées, des flèches et des tridents et ils utilisaient des éléphants enivrés portant à l'extrémité de leur trompe des armes en forme de roues. Les demi-dieux souffraient atrocement d'être tués et mutilés. Ils se battaient également entre eux, aux cris assourdissants de: "Tuez, tuez!" et "Frappez, frappez!" qui résonnaient comme les rugissements de mille dragons.

Je fus moi-même terrifiée par ce dont j'étais le témoin dans ce royaume. Pour avoir lancé par terre un œuf d'oiseau, il me fallait passer sous toutes les armes; je suppliai cependant le bodhisattva de suprême compassion et la vénérée déesse et je chantai trois fois le mantra en six syllabes, sur quoi les bruits me parurent s'atténuer peu à peu.

Cinq mille personnes environ de la région de Chamtring ainsi qu'un nombre indéterminé de Chinois avaient repris naissance dans ce même royaume. Il y avait également, semblait-il, beaucoup d'aristocrates, notamment Lozang Tèndzin, un général de Chamtring. Une infinité de personnes avaient repris naissance là, parmi lesquelles la famille Wangyal et le clan des Dougtza, dont la majorité des membres étaient morts de mort violente.

༄ । Plus loin, dans un parc rempli de fleurs, je trouvai un dieu extrêmement âgé qui n'éprouvait que douleurs. Des compagnons s'approchaient et lui lançaient des guirlandes de fleurs, disant: "Dès que tu te seras débarrassé de ton corps physique puisses-tu renaître dans le royaume des humains, accomplir les dix sortes d'actes vertueux[20] et naître encore une fois dans ce royaume des dieux." Et ils jetaient des poignées de fleurs. Il était en proie à une souffrance inconcevable, comme si son cœur avait éclaté et que son corps s'était dissous dans le sable.

La durée de vie d'un dieu peut être calculée en tenant compte du fait qu'environ sept mille de nos années humaines représentent pour les dieux une seule semaine. La semaine précédant leur mort, leurs maux sont bien pires que ceux dans le plus horrible enfer des tourments incessants. Puisque leur karma est épuisé, en raison des pensées entachées d'émotions, tel l'orgueil, ils voient clairement le lieu de leur renaissance future dans un état d'existence inférieur. Cela leur cause une souffrance plus intense que s'ils se suicidaient en se précipitant dans un gouffre de feu.

OM MANI PADMÉ HOUNG HRI.

Je poursuivis mon chemin et rencontrai dans un royaume des enfers Kardo du clan des Guétsé. Là, à l'intérieur d'une immense maison de fer aux dimensions énormes, il ramassait de la terre, des pierres, de l'herbe et du bois (je me demandai quelle en était la nécessité), et particulièrement de la turquoise, du corail, du cristal, du lapis, de l'or et de l'argent. Ensuite, des hordes de serviteurs de Yama entassaient toutes les richesses, la terre et les pierres sur son corps. Il hurlait de douleur. Toutes les fois qu'il tentait de s'échapper, on l'en empêchait. Après quoi, il devait regarder les pierres et les métaux précieux être dispersés comme des plumes emportées par le vent, et une fois de plus, ses souffrances mentales s'intensifiaient. Alors, comme auparavant, il amassait richesses et vivres pour être de nouveau écrasé par eux et il passait ainsi tout son temps à endurer tour à tour cette succession de tourments.

— De quelle action ceci résulte-t-il? demandai-je.

— C'est la conséquence d'avoir convoité toutes les choses sur lesquelles se posait son regard, répondit Tara, d'avoir considéré avec malveillance tous ceux qu'il entendait parler, de n'avoir eu que des idées fausses sur tout ce qu'il pensait. C'est la conséquence de ne pas pratiquer la vertu mais de s'engager dans des actions non-vertueuses et nuisibles et de porter un mala ornementé tout en se laissant distraire par des propos médisants et futiles."

Kardo me donna ce message à ramener: "A Tsagdi, la belle-fille de ma famille, je dis: «Bien que tu sois parée d'agates et de corail, cela ne me fait pas de bien. N'éprouves-tu pour moi nulle compassion? Tu n'as demandé à aucun lama d'établir une connexion avec moi par la dédicace de tes richesses en mon nom. Rien ne me serait plus bénéfique que le rituel de purification d'Akshobhya, la divinité qui réside à la porte méridionale du mandala de Vairocana.»"

Je récitai le mani et, un bref instant, il put au moins se reposer. Mais, comme précédemment, il recommença à faire l'expérience de ses perceptions erronées.

༄༅ ། Il y avait encore de nombreux lamas et moines dans une belle maison en fer. Alors qu'au premier abord ils parurent assez gentils, leur esprit soudain s'agita et ils commencèrent à vociférer tous à la fois dans un langage abominable. Défiante, je m'approchai d'eux et je vis des flammes sortir de leurs bouches, de la fumée s'échapper de leurs narines et des scies de fer vrombir au sommet de leurs têtes. Quand je leur demandai quelles actions avaient conduit à ce résultat, ils répondirent qu'ils s'étaient engagés dans des conversations futiles lors de rituels accomplis à l'intention des fidèles (vivants et morts), tandis qu'ils fréquentaient des yogins qui se consacraient aux pratiques formelles de divinités et qu'ils participaient à des rituels en groupe dans leurs monastères. Ils avaient interrompu les méditations des autres par leurs bavardages, ils s'étaient querellés pendant des festins d'offrande et avaient créé un vacarme discordant.

༄༅ ། Un pèlerin errant apparut, vêtu de loques et tenant la hampe d'un drapeau de prière[21]. Yama Dharmaraja se manifesta avec sa suite et, laissant paraître sa joie, parla en ces termes: "Quels grands bienfaits et bénéfices dispense l'enseignement du Bouddha! Rien n'est plus élevé que le noble dharma d'un drapeau de prières. Les drapeaux de prières sont la racine du dharma. Le mani est l'essence du dharma. Le siddhi amène à la libération du passage étroit du bardo[22]. Le rituel de jeûne de nyoung-né est le maître qui montre le chemin de la libération. Cent mille pierres de manis sont la guirlande du dharma[23]. L'acte de sauver des vies est le char sur le chemin. Le moulage de tsatsas est la suppression des états inférieurs de renaissance[24]. Aller en pèlerinage est le balai qui disperse les effets des actes nuisibles. Rendre hommage par des prosternations éradique les fautes. Tara est la source extérieure de refuge. Rassembler les accumulations de mérite et de sagesse primordiale est la provision pour les vies futures. La compassion est le pivot central du dharma. C'est pourquoi, mon enfant, va tranquillement au Potala."

Le pèlerin passa, conduisant environ un millier d'êtres qui lui étaient liés par la parole ou par le contact.

OM MANI PADMÉ HOUNG HRI.

La vénérable Tara s'adressa à moi:

Ceux qui n'enlèvent pas leur chapeau
lorsqu'ils se trouvent en présence d'un lama,
Une fois qu'ils auront expérimenté les enfers,
renaîtront comme mouflons.
Ceux qui ne se lèvent pas et ne restent pas debout
lorsque des moines se trouvent en leur présence,
Une fois qu'ils auront expérimenté les enfers,
renaîtront comme boiteux.
Ceux qui n'offrent pas des lampes à beurre propres
renaîtront dans un gouffre de feu.
Ceux qui enjambent les trois représentations des Joyaux[25]
ou les recouvrent de leurs vêtements,

Renaîtront comme muets ou lombrics impurs.
Ceux qui crachent ou expulsent leur morve dans les temples
Renaîtront dans l'Enfer du Marécage des Corps
Putrescents.
Ceux qui mangent la viande d'un animal abattu le même
jour, sans purifier cet acte par la confession,
Renaîtront comme démons assoiffés de sang.
Les flagorneurs peu recommandables qui détournent
les biens des Trois Joyaux
Renaîtront comme prétas ou leurs gardiens
dans les royaumes des prétas.
Ceux qui consomment de l'alcool non-consacré
renaîtront dans l'Enfer des Pleurs.
Ceux qui font usage des sièges de la sangha ordonnée
Renaîtront dans les enfers temporaires.
Dépouiller les trois représentations symboliques
de leurs ornements,
Détourner par négligence les biens de la sangha
Et plus spécialement, voler les biens communs
de la sangha,
Dévaliser ou frapper des yogins en retraite solitaire:
Tous ces actes conduiront à renaître
dans les huit enfers froids.
Ceux-là et d'autres qui accumulent du karma
sous l'effet de la colère
Renaîtront comme êtres infernaux,
Sous l'effet de l'avarice, comme prétas,
Et sous l'effet de la stupidité, comme animaux.
Puissent les êtres qui font l'expérience des trois royaumes
inférieurs
Renaître sur le Mont Potala.
OM MANI PADMÉ HOUNG HRI.

Il y avait également plusieurs membres du clan des Gyasheu. Gœunpo Dargyè était enchaîné, sans espoir d'être libéré, au milieu du pont à six arches qui enjambe l'infranchissable Rivière Brune des Morts. De la fumée s'élevait de sa chair calcinée et il endurait d'inconcevables douleurs. Les serviteurs des Enfers à têtes de tigres et de cerfs le surveillaient. Il dit que la récitation de manis serait un moyen de dissiper ses souffrances et ses fautes et que ce serait très bénéfique si d'autres confessaient pour lui ses actes négatifs.

Je demandai à Tara quelles actions avaient produit ce résultat. Elle répondit: "Quand cet homme était le gouverneur de sa région, il n'a pas distribué les biens et les vivres ni rendu la justice correctement et il a agi avec malveillance."

Tséwang Gœunpo, le chasseur de daims, se trouvait dans l'Enfer des Résurrections. Il expliqua qu'il serait libéré si l'on gravait dans la pierre le *Soutra de la Libération* qui purifie les effets des actes malfaisants. Je demandai quelles actions avaient conduit à ce résultat et Tara répondit: "Avoir tué d'inoffensifs daims."

Tashi Wangkshoug souffrait dans l'Enfer des Lignes Noires. Il me donna un message à ramener: si la récitation du mantra en cent syllabes de Vajrasattva, du mani et du siddhi était effectuée en son nom cent millions de fois chacun, il obtiendrait une renaissance humaine.

Tséwang Gœunpo souffrait au sommet de Mont Shangma. Il déclara que si l'on accomplissait assidûment pour lui cent ou mille pratiques de jeûne de nyoung-né, il bénéficierait d'une excellente renaissance humaine.

Ceux de la famille de Gyasheu qui étaient dotés d'un esprit vertueux — des lamas, des moines et des laïcs — demeuraient dans les royaumes purs, notamment le vieux moine

Padma Kalsang, Tséring Deundroub, Deuntsé, ainsi qu'un dénommé Barchoung Dragho. Celui-ci dit qu'il avait repris naissance dans un royaume pur par la compassion du vénérable Drimé Khakyeu Wangpo Rimpoché.

La majorité des membres du clan de Nathar qui avaient pratiqué le dharma avec diligence avaient repris naissance sur le Mont Potala alors que ceux qui n'avaient pas établi de connexion avec des êtres saints mais avaient passé leur vie engagés dans des actions nuisibles subissaient une succession de renaissances dans des états d'existence inférieurs. Un moine qui s'appelait Houlé Bouchoung souffrait dans le bardo. Un dénommé Natar Aloug Cheudzin avait obtenu une renaissance fortunée. Le moine Lodreu Zangpo demeurait dans le royaume pur de Tara, Youlokeu.

Lhari Yeuntèn, bien qu'ayant pratiqué la vertu et renoncé aux actes négatifs, avait entretenu des vues très fausses et avait repris naissance dans un royaume où il était emprisonné dans une maison surveillée par quatre habitants des enfers. Quand je lui demandai si je devais requérir qu'on pratique en son nom la vertu dans le royaume des humains, le vieux moine répliqua que je devais le laisser subir les effets de ses actions jusqu'à ce que son karma soit épuisé, ajoutant qu'après avoir souffert ainsi pendant trois années, il renaîtrait sur le Mont Potala.

Kunzang et Tènzin Wangyal avaient repris naissance sur le Mont Potala. Samyé Meunlam de la famille Khamté se trouvait dans ce royaume pur. Il prononça ces paroles: "J'ai un message pour mon plus jeune fils. Dis-lui: «Ne tue pas de cerfs, de moutons sauvages ou d'antilopes. Ne mène pas la vie d'un voleur ou d'un brigand. Ne dis ni mensonges ni blasphèmes. Ne vole rien à tes frères aînés et ne te dispute pas avec eux. Pratique autant que tu peux la vertu par les manis et le rituel de jeûne de nyoung-né.»"

Une femme qui s'appelait Dreunma était allée au Potala en priant maints lamas. Un tulkou nommé Adam, de la communauté de Natar se trouvait également sur le Mont Potala. Il expliqua que, bien qu'il eût repris naissance une fois pour le bienfait des êtres dans la famille Apal des lamas du district de Nyagrong, il était passé dans le nirvana en raison d'obstacles dans cette vie-là.

Pétsa Gœunpo Rinchèn était aussi présent; il dit qu'il avait repris naissance dans ce royaume pur par la compassion de Tromgué Koundun Rimpoché.

Quatre-vingt mille lieues au-delà de ce royaume, je parvins à une gigantesque et terrifiante paroi rocheuse rouge foncé, égale en hauteur au trichiliocosme[26]. Entouré d'une myriade d'armes, à côté d'une effroyable forteresse de crânes, se tenait le dieu de la mort, Yama, qui aspirait la vie et le souffle hors des trois royaumes d'existence[27], envoyait au supplice tous les êtres mortels sans exception et renfermait les trois plans d'existence[28] dans son ventre. Avec sa gueule avide et béante, sa langue convulsive recourbée, ses crocs acérés découverts, ses mains ouvertes prêtes à saisir, il était terrifiant. Il avait un corps d'homme surmonté d'une tête de taureau rouge, des cornes perçantes en fer et deux yeux fixes flamboyant de l'éclat du soleil et de la lune. Des langues de feu torride jaillissaient de son corps. Prompt et agile comme le vent, il faisait trembler le ciel et la terre par ses effrayants hurlements de rire. Lorsque mon regard se posa sur cette vision féroce de courroux déchaîné et que j'entendis son rugissement assourdissant, je crus que j'allais m'évanouir.

Tout en tenant dans sa bouche (une bouche qui semblait contenir le ciel et la terre) le continent méridional[29] de ce monde de douleur, il pouvait faire trembler le monde par le claquement de sa langue contre son palais. Alors que jadis un océan tourbillonnant de sang rouge sombre se déversait quand il contractait les mâchoires, cette année-ci, seules quelques gouttes de sang perlaient, pareilles à de la rosée. C'était parce que Khakyeu de la famille Tromgué, Dza Keunchog et d'autres êtres saints étaient décédés et, pour cette raison, au cours de cette année-là, de nombreuses personnes n'avaient pas eu à mourir[30]. Il m'arriva maintes choses horrifiantes; je pus cependant garder une attitude ferme et dépourvue de crainte grâce aux prières que j'adressai à la noble déesse.

༄༅ ། Gœunpo Samdroub de Tangkya était dans un royaume des enfers. Comme je demandai à Tara ce qui l'avait mené à ce résultat, elle répondit: "Lorsqu'il exerçait des fonctions de chef, il a détourné des marchandises, défiant la coutume établie."

Dorjé Deundroub, le fils de Zangli de la famille Sadou, endurait d'inimaginables souffrances. Un grand nombre d'aristocrates de la région de Hor à l'extrême est du Tibet se trouvaient là et, également, beaucoup de gens que je ne reconnus pas. Une compassion infinie s'éleva dans mon esprit et je récitai mélodieusement le mani.

༄༅ ། Alors que moi, la jeune fille Dawa Dreulma poursuivais mon chemin, un yogin vêtu de blanc, aux longs cheveux flottant sur les épaules, s'approcha, entouré d'une foule de dakas et de dakinis. Il faisait tourner un moulin à prières enveloppé d'un précieux brocart, et ses pieds ne touchaient pas le sol. Il passa à côté de moi, en route pour la plaine des enfers.

Quand je m'enquis de sa destination, il répondit: "Je vais dans les états de renaissance inférieurs afin d'en sortir tous ceux qui ont partagé de la nourriture avec moi. Je suis un souverain guide pour les êtres, Togdèn Pawo, dont le nom même signifie «héros de la réalisation spirituelle»." A mesure qu'il psalmodiait harmonieusement trois fois le mani, les bâtisses de fer incandescent devinrent des palais de cristal et tous les êtres présents furent transformés en corps de lumière. Il partit, les menant au sublime royaume pur du Mont Potala, comme une nuée d'oiseaux effarouchés par le jet de pierre d'une fronde.

La mère de tous les Vainqueurs, la noble Tara Blanche, joignit les mains au niveau du cœur et dit:

> Comme c'est merveilleux, excellent et saint guide!
> Sublime navigateur conduisant tous ceux qui te sont liés:
> S'il n'y a pas de connexion, tu ne peux montrer le chemin.
> Quelle déception pour ceux qui n'ont pas établi
> de connexion!

> OM MANI PADMÉ HOUNG HRI.

Au sommet d'un arbre *shalmali*[31], des oiseaux de fer noirs extirpaient les yeux des êtres des enfers. Au pied de l'arbre, de redoutables femmes étreignaient le cou de ces êtres puis arrachaient la tête de leurs corps. Dans ma vision, ces êtres des enfers ne pouvaient s'empêcher d'aller vers elles, pensant que des compagnes bien-aimées les appelaient. Dès qu'ils s'enfuyaient, des armes s'abattaient sur eux. Lorsqu'ils rebroussaient chemin, des armes les assaillaient, dépeçant leurs poumons, leur cœur, leur foie et leurs entrailles. Quand ils gravissaient en courant la colline, des armes se précipitaient sur eux. Leur chair et leurs os étaient réduits en sang. Tel est le danger que doivent affronter les lamas débauchés et les moines mondains, les nonnes qui avortent du fruit de leur liaison illicite, les hommes qui violent des nonnes ou qui, insatisfaits de leurs propres épouses, fréquentent d'autres femmes.

Il y avait là des personnes de condition élevée dont je n'ose même pas mentionner le nom, y compris un bon nombre de moines et de lamas. L'un d'eux était Nyikho de la famille Sogrou, un moine du clan des Tromgué, qui avait rompu ses vœux. Après une renaissance comme être humain, il avait toutefois repris naissance dans un royaume des enfers par le pouvoir de son karma. Au pied d'un arbre shalmali, écrasé par le poids des armes, il endurait d'insoutenables tourments. La mère compatissante de tous les Vainqueurs (et moi de même) chantâmes mélodieusement trois fois le mantra en six syllabes. Libéré de son fardeau de fer, il partit. Si une vaste assemblée, soutenue par le plus possible de dons et d'offrandes, était chargée de réciter le *Tantra de la Confession Immaculée* et le *Soutra pour la Confession des Fautes* et si de nobles prières de dédicace et d'aspiration étaient prononcées en son nom, il renaîtrait sur le Mont Cuivré du sous-continent de Chamara.

Par la compassion de maints êtres saints et excellents et par le mystérieux chemin de vérité qui ne dépend pas des causes et des effets, un dénommé Atsul, de cette famille Sogrou, était né autrefois dans un corps humain. Cependant, après avoir quitté cette vie-là, il était tombé dans un royaume des enfers. Il souffrait au pied de la montagne aux arbres shalmali. Tiraillé de tous côtés par un anneau de fer enserrant sa gorge, son corps était emprisonné dans des vêtements de fer. Trois cruels habitants des enfers à têtes de cerfs le frappaient, le poignardaient et le lacéraient de coups de rasoirs à manches de lotus jusqu'à ce que la chair soit arrachée de ses os. Il hurlait terriblement.

Quand je demandai quels actes l'avaient conduit à cela, on me répondit qu'il avait utilisé des poids truqués lorsqu'il faisait des affaires avec des lamas et des moines, qu'il avait calomnié des membres de la sangha, qu'il se donnait de grands airs comme s'il était un maître de danses rituelles, et ainsi de suite. Cette souffrance était le résultat inévitable de ces actions non-vertueuses. Emplie de compassion, je chantai de loin le mantra en six syllabes.

Le défunt Atsul me donna le message suivant à ramener:

Je suis décédé prématurément, homme jeune anéanti par la mort,
Brisé par la séparation de mes parents et de mes proches.
J'ai laissé derrière moi ma tente, mes troupeaux et mes possessions,
Auxquels il est si difficile de renoncer.
Je souffre des effets de mes propres actes nuisibles: ils ont mûri pour moi seul.
Afin de me libérer de cette douleur insupportable,
Les gens peuvent réciter cent millions de fois le mani,
Faire réciter le *Kangyour*[32] et faire graver dans la pierre des dizaines de milliers de fois le mantra en six syllabes.
Alors je ne souffrirai plus en ce lieu et j'obtiendrai un corps humain.
N'oublie pas ce message; transmets-le à mon parent Choung Lima.

Survint un lama qui s'appelait Yèngmé Dorjé, proche disciple de Padma Dudul, un lama du district de Nyagrong. Il arriva accompagné d'un groupe de cinq de ses disciples, tenant un moulin à prières et un mala.

Il entonna:

HRI - J'adresse ma prière au lama,
le Grand Compatissant.
J'adresse ma prière à la divinité tutélaire,
le Grand Compatissant.
J'adresse ma prière aux dakas, au Grand Compatissant.
J'adresse ma prière à la divinité protectrice,
le Grand Compatissant.
J'adresse ma prière à l'union de tous,
le Grand Compatissant.
Je vous prie, menez sur le Mont Potala tous ces êtres
qui ont une connexion positive ou négative avec moi.
OM MANI PADMÉ HOUNG HRI.

Puis il conduisit un millier d'êtres hors des dix-huit états infernaux sur un chemin de lumière blanche.

Ani Boumo, une nonne de la région de Zourpa, apparut également tenant un moulin à prières et un mala jaune. De loin, elle et un serviteur se mirent à psalmodier harmonieusement le mani. Cette nonne entraîna à sa suite environ mille personnes — des moines ordonnés et des nonnes, des hommes et des femmes laïcs, des mendiants et des aveugles — avec lesquelles elle avait eu des liens par la parole ou le contact, sur un chemin de lumière bleue menant à Youlokeu, le royaume pur de Tara.

Tsachoung, une vieille femme de la région de Tromgué, se faisait broyer dans l'insoutenable Enfer de l'Ecrasement. Ses hurlements résonnaient dans toute l'étendue des cieux. Quand je récitai une fois de loin le mani à son intention, un redoutable habitant des enfers à tête cornue s'écria: "Hé, hé! Un seul mani lui serait difficilement bénéfique." Lorsque je demandai quelles actions l'avaient menée à ce résultat, on me répondit: “Quand elle se trouvait dans le monde humain ordinaire, elle a volé des chèvres et des moutons et les a égorgés.”

Elle désirait envoyer un mot à son fils Cheuthar et à sa fille Loukyi.

Je refusai tout d’abord de transmettre le moindre message de sa part, cependant Tsachoung ne cessait de s’écrier: “Il le faut! Tu ne peux manquer de ramener mon message!” Et ainsi, je promis de le faire.

“Dis-leur ceci, poursuivit-elle: «Ne nourrissez pas l’espoir de devenir riches. Ne vous laissez pas aller à la colère et à la haine. Dis à Loukyi de ne pas rivaliser avec les serpents en créant du mauvais karma[33]. Gravez le mani sur des pierres. Demandez qu’on fasse lire le *Soutra de la Libération* et le *Tantra de la Confession Immaculée*. Récitez le mani maintes et maintes fois. Dédiez-en la vertu d’une noble manière et, après avoir enduré ceci durant un millier d’années environ, je renaîtrai dans un royaume des dieux, mais toujours susceptible de chuter de cette splendeur.»”

A ces mots, elle se remit à pleurer.

OM MANI PADMÉ HOUNG HRI.

Puis, une femme d’âge mûr de la famille Lo de Gyalrong s’approcha. Menant devant elle environ quatre mille moutons, elle s’enfonçait dans un chemin de sang. Les habitants des enfers, tels Awa à-Tête-de-Bœuf, Destinée à Tête-de-Singe et Raksa à Tête-de-Cochon, un nombre infini de serviteurs du seigneur de la mort, la poursuivaient aux cris de “Tuez-la, tuez-la! Frappez-la, frappez-la!” Tremblant comme une feuille, les larmes coulant de ses yeux, la vieille femme fut amenée devant Dharmaraja. Yama Dharmaraja flamboyait de colère, tout son visage était aussi noir que du charbon et ses yeux ressemblaient à des lacs de sang tourbillonnants.

Un terrifiant mugissement sortit de sa bouche: “Toi, vieille femme du monde ordinaire, si habile en paroles, quelles sortes d’actions positives ou négatives as-tu commises? Ne cache ou ne dissimule rien. Exprime-toi honnêtement!”

Le trépignement de ses pieds ébranla le sol comme un tremblement de terre. Les habitants des enfers vociférèrent: “Dépêche-toi de parler!” et ensemble se mirent à taper frénétiquement des pieds.

La femme blêmit et fut incapable d’imaginer ce qu’il fallait dire. Elle se frappa la tête contre le sol et se lacéra la poitrine de ses mains. Parmi ceux qui étaient présents, il y avait les deux petits enfants de son karma, blanc et noir[34]. Le blanc semblait ne rien avoir à dire; son visage devint noir comme du charbon. Après un instant, il parla: “Elle a une fois offert un cheval au patrimoine de Tsamtrul, le tulkou de Dza, mais quand arriva le moment de livrer l’animal, la vieille femme fit traîner les choses.”

L’enfant noir dansait et sautillait en disant:

> Femme très malfaisante, génératrice de mauvaises actions
>   dans le monde humain ordinaire,
> Grande démone cannibale qui a donné l’ordre
>   de massacrer des êtres,
> Fourbe harpie, ne te rappelles-tu pas
>   d’autres actions noires?
> Il n’y a pas un seul méfait que tu aies envisagé
>   que tu n’as pas commis.
> Si cela est vrai, ce sera évident aux yeux de Dharmaraja;
> Ses serviteurs savent si tel est ou non le cas.

Emmenez-la sur un chemin où il n'y a nul espoir
d'être libéré.

Lorsque que l'enfant eut parlé, un serviteur de Yama pesa les actions de la vieille femme sur la balance du karma et, immédiatement, les plateaux basculèrent l'un en dessous de l'autre. Tout en traçant une marque sur la planche du destin, Yama dit: "Conduisez cette femme au royaume de L'Enfer de l'Ecrasement. Pendant des milliers et des milliers de kalpas, elle ne connaîtra pas le moindre répit."

Une armée de serviteurs du seigneur de la mort, hurlant "Tuez-la, tuez-la! Frappez-la, frappez-la! Ha, ha! Hé, hé!" lui lança une volée de flèches, de lances et d'épées. Lui écrasant le visage dans la poussière, ils l'emmenèrent de force.

OM MANI PADMÉ HOUNG HRI.

Un certain Wangchèn, un piètre chef de la région de Dergué, était le fils d'un homme riche et connu qui s'appelait Drougdrag et d'une femme nommée Tséyang Dreulma. C'était un chef très puissant qui avait vécu des richesses et des vivres d'autrui; c'était un homme dur, agressif, dénué de compassion. Quand les forces karmiques perpétuant son temps de vie furent épuisées, il mourut et vint errer dans les régions du bardo.

Dharmaraja, comme si son regard se fut soudain posé sur un ennemi haï qui aurait tué son propre père, s'écria: "Vite, vous les serviteurs du seigneur de la mort, accourez tous! Amenez-moi sans perdre de temps ce mauvais Wangchèn!"

Aux cris de "Ki!" et "Ha!", ils l'amenèrent de force. Ceux qui avaient des marteaux le frappaient; ceux qui avaient des tenailles le pinçaient; ceux qui avaient des scies le tailladaient; ceux qui avaient des épées le découpaient; ceux qui avaient des lances le transperçaient; ceux qui avaient des haches le tranchaient. En présence de Dharmaraja, l'enfant noir raconta l'histoire qui suit:

L'homme mauvais nommé Wangchèn
A tourné le dos aux Trois Joyaux en pensée et en acte.
Il a arraché les yeux de lamas excellents.
Il a commis un nombre incalculable d'actions nuisibles,
tranchant les lèvres et le nez
De nombreux moines et nonnes, d'hommes et de femmes
laïques[35].
Il a mis sous le joug de la loi beaucoup de moines
pleinement ordonnés et les a emprisonnés.
Il a provoqué une famine qui a failli décimer
la population.
Il a fait mener à l'abattage plusieurs milliers de moutons.
La masse de ses actions non-vertueuses atteint la taille
du Mont Soumérou.
La punition qu'il mérite, Dharmaraja la connaît!

Dès qu'il eut entendu cet avis, Yama Dharmaraja traça une marque sur la planche du destin et dit: "Conduisez-le à l'Enfer des Résurrections et ensuite dans les huit autres enfers chauds où il restera dix mille kalpas sans être libéré."

Les serviteurs crièrent: "Tuez-le! Battez-le! Frappez-le!" Lui écrasant le visage dans la poussière, ils l'emmenèrent de force.

OM MANI PADMÉ HOUNG HRI.

༄༅། Il y avait une jeune fille de la région de Dergué, qui portait un collier d'agates, chacune de la grosseur d'une maison, enfilées sur une chaîne de fer autour de son cou. Elle était accablée par le poids et souffrait d'être incapable de soulever ces pierres. C'était le résultat d'avoir paré son corps d'agates volées à d'autres, qu'ils soient de condition élevée ou modeste.

OM MANI PADMÉ HOUNG HRI.

Je continuai jusqu'à ce que je rencontre un chasseur nommé Tséring de la région de Kathog conduit par quatre habitants des enfers à têtes de cerfs. Tremblant comme une feuille, il fut amené de force devant Yama Dharmaraja. Et les deux enfants de son karma révélèrent tout ce qu'il avait fait de vertueux et de nuisible, de positif et de négatif.

L'enfant blanc prit la parole: “O Yama, précieux Dharmaraja, cet homme ne pouvait nourrir, vêtir ou abriter sa grande famille. Le vieux dépravé a passé sa vie entière à accomplir des actes non-vertueux. Toutefois, si vous le renvoyez pour qu'il fasse encore un effort et qu'il pratique la vertu de manière très pure, il deviendra quelqu'un n'ayant rien à se reprocher et c'est comme tel qu'il comparaîtra en votre auguste présence.” Sur ce, l'enfant pleura.

L'enfant noir présenta les faits suivants:

Hé, hé! Cet homme a tué les trois sortes d'oiseaux
— vautours, milans et faucons — qui montent
en flèche dans le ciel.
Il a tué les trois sortes d'animaux — antilopes, daims et
moutons sauvages — qui vivent dans les montagnes.
Il a tué les inoffensives marmottes dans les plaines.
Il a tué les trois sortes d'animaux — poissons, loutres
et grenouilles — qui vivent dans l'eau.
Il a capturé des animaux inoffensifs dans des pièges
et des filets.

Il a commis des actions nuisibles et non-vertueuses.

De la bouche de Yama Dharmaraja sortirent les mots suivants:

Parmi les actes négatifs, rien n'est plus grave
que d'ôter la vie.
Dans le cas de ce chasseur malfaisant
Il avait fait au lama du clan des Guétzé la promesse
de ne pas tuer,
Mais ensuite il a commis des actions extrêmement
mauvaises qui dépassent la confession.
Qu'il soit maintenant conduit dans le royaume
de l'Enfer des Hurlements.
Il souffrira sans répit vie après vie.

Sur ces mots, il traça une marque sur sa planche du destin et, écrasant le visage du chasseur dans la poussière, les serviteurs l'emmenèrent de force.

༄༅ । Il y avait encore beaucoup plus d'êtres que je ne pus embrasser du regard, que ma langue ne saurait dire, dont mon esprit ne put commencer à sonder les pensées. Les méchants étaient entraînés vers le bas, tandis que les vertueux étaient envoyés en haut. Ceci défie toute description; ce que j'ai écrit n'en donne qu'une idée très approximative.

Une femme connue sous le nom de Bochoungma, de la région de la famille Déshoung, se trouvait en présence de Dharmaraja. Lorsque les deux enfants de son karma, le blanc et le noir, exposèrent leur opinion, le blanc dit: "Cette femme a une certaine connexion avec Dzaga Chogtrul Rimpoché. Son esprit est enclin à la vertu."

Puis l'enfant noir s'exprima à son tour:

Cette femme a servi de la nourriture malpropre
à des lamas érudits;
Elle a tué des veaux en les faisant mourir de faim;
Elle a critiqué des lamas et des personnes ordonnées;
Elle a donc commis de nombreux actes négatifs
Par sa bouche, ses mains et son esprit.

Dharmaraja répliqua: “Eh bien, quand le blanc parlait, il semblait qu’*il* disait la vérité. Mais, lorsque le noir parlait, il semblait qu’il disait aussi la vérité. Pèse cela sur la balance des actes vertueux et négatifs.”

Le serviteur à tête de singe pesa les actions de la femme sur la balance; sur quoi les actes nuisibles firent pencher les plateaux l’un en dessous de l’autre. Yama Dharmaraja reprit:

Chaque période de mille jours parmi les humains
Représente environ un seul jour et une seule nuit
dans les royaumes des enfers.
Durant douze de ces années prolongées, tu endureras
la souffrance
De boire du métal liquide bouillant.
Ensuite tu seras emmenée par le pouvoir
de la compassion et
Des aspirations de Dzaga Chogtrul Rimpoché.

Après qu’il eut parlé, la femme fut traînée à l’intérieur d’une bâtisse de fer.

OM MANI PADMÉ HOUNG HRI.

Arriva ensuite Paltso, une vieille femme nomade aux cheveux grisonnants, de la communauté de Nyingshul. Elle tenait un moulin à prières et égrenait un mala jaune. Tout en chantant mélodieusement le mani d’une voix claire, elle se dirigea tout droit vers Dharmaraja. Yama Dharmaraja, le visage pareil au clair de lune sur la neige, dit de manière polie et réjouie: "Paltso, d'être morte et d'être venue dans le bardo ne t'a pas fatiguée? Quels que soient les actes vertueux ou nuisibles que tu aies commis, fais-en la révélation ici en ma présence."

La vieille femme Paltso exposa sa situation:

J'ai concentré mon esprit sur les Trois Joyaux
comme mon unique recours.
J'ai inextricablement soumis ma volonté
au dharma essentiel.
Mes propos étaient la pratique de la vertu et les tours
de mon mala ont été ininterrompus.
J'ai établi des connexions avec des personnes
aux excellentes inclinations spirituelles.
Plus spécialement, j'ai établi une connexion avec Dzaga
Chogtrul en lui offrant un gros morceau d'ambre.
J'ai établi une connexion avec Adzom Drougpa[36]
en lui offrant une agrafe de ceinture.
Parmi ceux qui s'attachent autour du corps
une ceinture jaune[37],
Il n'y en a pas un seul avec lequel moi, cette femme,
je n'aie eu quelque connexion.
J'ai rempli environ vingt ou trente mille lampes à beurre;
J'ai récité à haute voix cent millions de manis;
J'ai dédié tout ceci aux êtres,
Moi qui suis une vieille femme de noble motivation.

Avec joie, l'enfant blanc fit une déclaration semblable. Le noir n'eut absolument rien à dire. Le miroir, le rapport écrit et la balance furent alors les témoins de la vertu de la femme et de ses actions négatives. Les serviteurs s'écrièrent: "Regardez-les!" Celui à-tête-de-lion consulta le miroir d'un air interrogateur, celui à tête de singe pesa ses actions sur la balance, et celui à tête de bœuf lut le compte-rendu de son karma. Tous les trois furent humblement d'avis que tout ce qu'elle avait affirmé était vrai, ce qui plut énormément à Dharmaraja. Il prit la parole:

Si les hommes et les femmes communs du monde
  humain ordinaire
Etaient pareils à cette personne, comme ce serait mieux.
Cependant, même s'ils comprennent la vertu
  et les actions négatives,
Ils omettent d'abandonner certaines choses
  et d'en adopter d'autres.
Ils s'appliquent à agir de manière non-vertueuse
  et malfaisante,
Accablés qu'ils sont par les facteurs perturbateurs.
Personne ne passe dans une autre vie sans me rencontrer.
Si le dharma est présent en eux, je suis le roi du dharma,
Mais, s'il n'est pas présent, je suis le roi
  de leurs actions nuisibles.
Maintenant, vieille femme, toi qui te nommes Paltso,
Pars, confiante en ce karma positif.
Tu ne reculeras pas; aussi, va dans le pur Royaume
  de Béatitude.

Après qu'il eut parlé, la vieille femme se leva et fit trois prosternations. Elle dit: "Je ne partirai pas seule[38]". Mais bien plutôt, elle conduisit quelque quinze cents êtres qui lui étaient liés par la parole ou le contact, se dirigeant lentement vers le

Royaume de Béatitude en direction de l'ouest, tout en fredonnant mélodieusement le mani.

OM MANI PADMÉ HOUNG HRI.

Deundroub, un homme âgé de la région de Goulog, le cœur transpercé par un câble de fer, était traîné de force par les serviteurs à tête de tigres, de léopards, d'ours noirs et bruns, de renards et de chacals. Ils l'amenaient en le jetant en l'air, puis en le lançant par terre, aux cris de : "Ki, ki! Ho, ho!" L'homme portait un habit élimé en peaux de marmottes. Quand il se trouva en présence de Dharmaraja, son visage devint cendreux et il poussa un cri: "Ahhh!" Après une brève énumération de ses actions vertueuses et nuisibles, Yama Dharmaraja s'exclama:

Méchant individu du monde ordinaire, tueur
  de marmottes!
Tu en as massacré plusieurs milliers,
Mangé leur chair et bu leur sang,
Porté leur fourrure pour te vêtir;
Tuer des marmottes est devenu ta vocation.
En été, tu en as tué en versant de l'eau dans leurs terriers
  pour les chasser à l'extérieur;
En hiver, tu as délogé des blaireaux et tué des marmottes
  en hibernation.
De tels méfaits cruels sont difficiles à confesser,
Car ce que tu as fait n'est pas différent du meurtre
  d'un moine ayant reçu l'ordination complète.
Tu n'auras aucune possibilité d'être libéré
  pendant mille kalpas.

"A présent, ajouta-t-il, emmenez-le dans les enfers chauds!" Ecrasant le visage de l'homme dans la poussière, les serviteurs l'entraînèrent vers le bas.

OM MANI PADMÉ HOUNG HRI.

Puis, arrivèrent une douzaine de moines pleinement ordonnés de la région de Sakya[39]. Ils étaient revêtus des trois robes monastiques, portaient des textes de l'enseignement sacré du Bouddha et récitaient à haute voix le siddhi et le mani. Ils voulurent se prosterner tous en groupe devant Dharmaraja, mais celui-ci leur dit: "Je vous en prie, ne vous prosternez pas!", et lui-même se leva en signe de respect. Alors que, remplis d'une crainte respectueuse, les serviteurs tremblaient, les moines se remirent en route, conduisant environ douze mille êtres dans le Royaume de Béatitude, en direction de l'ouest.

Une nonne vertueuse de la région de Minyag se présenta ensuite. Faisant tourner dans sa main un moulin à prières et égrenant un mala de nacre, elle se tint respectueusement devant Dharmaraja.

— Qui es-tu? demanda-t-il.

— Je m'appelle Zangmo, répondit-elle. J'ai amassé un océan de vertu en rassemblant les deux accumulations[40].

D'une voix douce elle lui offrit le chant que voici:

OM MANI PADMÉ HOUNG HRI
Seigneur dont la forme est l'union de tous les bouddhas
Et qui êtes inséparable d'Avalokiteshvara:
En la vénérable présence de Seunam Rinchèn
Je vous en supplie: accordez-moi votre bénédiction.
Je n'ai pas commis d'actions nuisibles qui vaillent
  une graine de sésame.

Je suis une fidèle pratiquante ayant atteint
une certaine stabilité de l'esprit.
A celui qui est doté d'une compassion particulière
pour les êtres en ces temps spirituellement dégénérés,
Un seigneur du dharma, émanation des bodhisattvas
des trois familles[41],
A la vénérable présence de Seunam Rinchèn,
j'offre ma prière.
Accordez votre bénédiction afin que nos souhaits
puissent spontanément se réaliser.
Accordez votre bénédiction afin que les souffrances
des royaumes inférieurs puissent être apaisées.
Accordez votre bénédiction afin que nous puissions
nous engager sur le chemin de la libération.
Accordez votre bénédiction afin que nous puissions
renaître dans le Royaume de Béatitude.
Accordez votre bénédiction afin que les deux sortes
de bienfaits[42] puissent spontanément s'accomplir.
Tous les êtres qui entendent ces mots
Ne doivent pas inévitablement endurer les tourments
des enfers lorsqu'ils meurent;
Ils ne sont pas obligés d'expérimenter les apparences
trompeuses du bardo.
S'ils répètent ces mots chaque jour sans faute,
Il est certain qu'ils n'iront pas dans les enfers
après leur mort.
Ils renaîtront sur le Glorieux Mont Couleur de Cuivre.

Après avoir prononcé ces paroles, elle chanta mélodieusement le mani, puis poursuivit son chemin, emmenant au Glorieux Mont Couleur de Cuivre environ trois mille êtres qui avaient établi un lien avec elle par du karma aussi bien positif que négatif[43].

༄༅ ། Dharmaraja ordonna ensuite à deux de ses serviteurs, Awa à Tête-de-Bœuf et Destinée à Tête-de-Singe, de faire entrer Kunga Paldèn, un moine pleinement ordonné, de la province méridionale de Tsang. Quand il apparut devant Dharmaraja, ses actions vertueuses et négatives furent dévoilées. L'enfant blanc proposa: "Ce moine n'a commis aucun méfait", et il baissa la tête en silence.

L'enfant noir rétorqua: "Ce moine a rompu sa discipline et ses vœux. Il a pris des vœux en la présence de son abbé et des ses précepteurs et il a revêtu les trois robes monastiques; néanmoins, il est responsable de la mort d'un grand nombre de personnes et de chevaux. Il a accablé d'invectives ceux qui rencontraient le dharma. C'est une personne moralement ruinée qui a jeté ses engagements sacrés à la rivière."

Après cet exposé, Dharmaraja dit: "Eh bien! Les récits rapportés par ces enfants, blanc et noir, ne peuvent l'un et l'autre être vrais. Consultons le miroir, le compte-rendu et la balance."

Les ayant étudiés, les examinateurs déclarèrent respectueusement à Dharmaraja: "Ce que l'enfant noir a déclaré est vrai."

Furieux, Dharmaraja s'écria: "Conduisez cet individu moralement corrompu au sommet de la montagne aux arbres shalmalis!"

Le moine fut emmené par les serviteurs qui criaient: "Tuez-le, tuez-le! Frappez-le, frappez-le!"

༄༅ ། On fit entrer une femme pieuse du nom de Dreunchoung de la région de Minyag. Au moment où ses actions étaient révélées en la présence de Dharmaraja, l'enfant blanc prit la parole: "Quand cette jeune femme a atteint l'âge de vingt-et-un ans, elle s'est rasé la tête, a reçu l'ordination de nonne et s'est rendue en pèlerinage dans les environs de Lhassa, récitant constamment le mantra en cent syllabes et le mani."

L'enfant noir déclara ce qui suit: "O précieux Yama Dharmaraja, c'est moi qui suis qualifié pour raconter l'histoire de cette jeune femme. C'est une démone, une personne au mauvais karma qui a accompli des actes non-vertueux et malfaisants. Lors de son pèlerinage, elle a tué plusieurs créatures, et ce n'est là qu'une indication du nombre incalculable d'actes nuisibles qu'elle a commis, seigneur!"

Sur ce, Dharmaraja dit: "Qu'on pèse ces opinions sur la balance."

Lorsqu'elles furent pesées, il fut suggéré respectueusement à Yama Dharmaraja qu'elles contenaient un mélange de bonnes et de mauvaises actions.

Il reprit: "Cette femme doit souffrir dans l'Enfer des Résurrections pour la durée d'un des mois de ce royaume; ensuite, par la force des aspirations qu'elle a formulées pendant son pèlerinage, elle obtiendra une pure renaissance humaine."

༄༅ ། Un général de la famille Sa-ngœun, un dénommé Sangui Adzam de Jazi dans le district de Nyagrong, avait repris naissance dans l'Enfer de l'Ecrasement où il subissait d'insondables tourments. Il s'adressa à moi: "Le nom de ma jeune épouse est Lumotso. Toi, jeune fille, tu dois à tout prix lui transmettre mon message. Dis-lui: «Tu peux m'être bénéfique en établissant une connexion avec quelques lamas; prends mes coraux et mes parures que tu as cachés et dédie-les aux lamas en mon nom. Les larmes que vous tous avez versées se sont transformées en pluie de sang qui me tombe dessus. Puisque j'ai une petite connexion avec le tulkou de Jazi, demande-lui sa considération et son aide. Offre du thé aux moines du monastère de Jazi et prie-les de réciter pour mon salut le mani et le siddhi lors de leurs rituels en groupe.»"

Il éclata en sanglots en prononçant ces mots. Même après qu'il eut disparu de ma vue, le bruit de ses pleurs continua de me hanter. J'offris des prières de dédicace et d'aspiration pour assurer son bien-être, et récitai pendant un certain temps le mani; mais comme je n'avais pas de connexion avec lui, il n'en résulta aucun bienfait.

OM MANI PADMÉ HOUNG HRI

Un commandant militaire du district de Nyagrong Gangri, qui s'appelait Arta, se trouvait dans l'Enfer des Lignes Noires. Des centaines et des milliers de lignes noires avaient été dessinées sur son corps. A coups de scies de fer embrasées d'une multitude de flammes, il était découpé le long de ces lignes de la tête à la taille; à la suite de quoi, les côtés de sa tête étaient de nouveau réunis. Puis, on le découpait à partir du ventre, dans un mouvement de va-et-vient, les morceaux étant détachés et assemblés à nouveau, de telle sorte qu'il endurait ces souffrances alternativement.

Quand je demandai à la noble déesse compatissante: "Quelles actions ont produit ce résultat?" elle répondit:

Cet homme a mené des armées contre
 de nombreux monastères.
Il a incité des gens à détruire des tombes
 et des monuments sacrés.
Il a mis le feu à des versants de montagnes, brûlant des
 grenouilles, des serpents et d'autres créatures vivantes.

Instigateur de meurtres, litiges et querelles intestines,
il a provoqué une grande agitation sociale.
C'était un chef qui a personnellement tué
dix-huit hommes et chevaux.
Il pourra difficilement être libéré avant mille kalpas.
Puissent le mauvais karma et les actions négatives
de cet homme être purifiés et puisse-t-il renaître
dans le Royaume de Suprême Béatitude.

Bien qu'elle parlât de cette manière, il n'en tira guère de bienfaits.

༄། Quelqu'un de Drouré, nommé Arkong, fut amené en présence de Dharmaraja par les serviteurs qui le frappaient avec des marteaux, le pinçaient avec des tenailles et le tailladaient avec des armes. Malgré l'intervention des deux enfants, le blanc et le noir, ce ne fut d'aucune aide car Dharmaraja se mit en fureur, martelant le sol à coups de pied puissants et s'écriant: "Qu'il s'explique, et vite!" Mais, saisi d'un violent tremblement, l'individu fut incapable de dire quoi que ce soit.

Le serviteur à tête de serpent regarda dans le miroir: "Cet homme a développé des vues erronées. Il a affirmé que l'accomplissement d'actes vertueux n'entraîne aucun bienfait. Il a professé qu'il n'y a pas de faute à commettre des actes nuisibles. Il a prétendu que les Trois Joyaux ne dispensent pas de bénédiction. Il a déclaré qu'aussi longtemps que l'on est heureux dans le moment présent, on n'a pas besoin de se préoccuper du futur. Il a pris plaisir à commettre des vols, des actes de banditisme et d'oppression."

Après avoir pesé les faits sur la balance, le serviteur à tête-de-singe prit la parole: "Si l'on entassait en un même lieu les bois ensanglantés des cerfs qu'il a tués, le musc médicinal des daims qu'il a tués, ainsi que les peaux et les os des loutres qu'il a tuées, cela remplirait une petite maison. Voici un homme qui s'est lui-même privé de la bonne fortune de suivre l'enseignement du Bouddha."

Puis, le serviteur à tête de bœuf examina par le menu le rapport de son karma: "Cet individu a abattu des animaux lors d'un mois sacré durant lequel les effets de ses actions étaient multipliés cent mille fois. Muni d'un fusil, il a occis de nombreuses créatures — des ours noirs et des ours qui mangent du miel, des renards, des lynx, et des marmottes. Il n'y en a pas une seule parmi celles-ci que cet homme n'ait tuée."

Sur ce, Yama Dharmaraja inscrivit une marque sur la planche du destin. "Bien qu'un kalpa puisse prendre fin, s'écria-t-il, cet homme n'aura aucune chance d'y échapper. Envoyez-le dans l'Enfer des Hurlements!"

En poussant des cris effroyables, les serviteurs l'emmenèrent vers le bas tandis qu'il baissait la tête de honte.

OM MANI PADMÉ HOUNG HRI

Yama Dharmaraja prononça ces mots de sa propre bouche:

Vous, hommes et femmes du monde humain ordinaire!
Ne tuez pas les puces et les poux qui vivent sur vous.
Ne les tuez pas, car cela ne sert à rien.
Ce n'est pas plus profitable pour votre nourriture
qu'une graine de moutarde.
Ce n'est d'aucune utilité pour les vêtements
que vous portez sur le dos, étant donné que
c'est un acte nuisible grave.
Il ne faut pas les écraser entre vos dents et vos ongles,

car cela n'est pas différent que de tuer
votre propre progéniture.
Au lieu de cela, si vous les libérez et les laissez en vie,
le bienfait en sera énorme.
Si vous les tuez, vous n'avez qu'à regarder
ce qui est arrivé aux hommes là, en bas, pour voir
quel sort sera le vôtre.

Plusieurs milliers d'hommes éprouvaient le supplice d'être écrasés entre deux montagnes. Un dénommé Yardo de la famille Thromthog se trouvait là. Les corps de certains d'entre eux brûlaient dans une profusion de flammes; tel était le résultat d'avoir jeté des puces au feu. D'autres tombaient dans l'eau et se noyaient; ceci était le résultat de s'être débarrassé des puces dehors dans la neige et le grésil.

"Par conséquent, fit Dharmaraja, tenez vos mains tranquilles et récitez des mantras."

OM MANI PADMÉ HOUNG HRI

Puis, Yama Dharmaraja me dit:

Vous, hommes et femmes du monde humain ordinaire!
Pour le moment seulement, vous avez obtenu
un corps humain.
Pour le moment seulement, vous avez repris naissance
sur la Terre.
Pour le moment seulement, le choix de votre destination
tient dans la paume de votre main.

Faites autant que vous le pouvez des offrandes
aux Trois Joyaux au-dessus de vous.
Vous ne vous appauvrirez pas; en fait, vous deviendrez

plus riches dans cette vie-ci,
Et vous renaîtrez dans les vies futures avec un corps doté
de libertés et d'opportunités.

Soyez généreux envers les mendiants, les aveugles
et les chiens au-dessous de vous.
Ne leur parlez pas durement, car ils sont dignes
de compassion.
Plutôt que de nourrir cent hommes riches
pendant une année,
Donnez une seule poignée de blé ou d'orge à un mendiant.
De ces deux actions vertueuses, cette dernière est
plus importante que la première.

Les gens riches qui mènent une vie aisée,
qui possèdent des biens et des terres,
Qui sont semblables aux gardiens des trésors parmi
les prétas, avec leurs vivres et leurs boissons,
leurs serviteurs et leurs largesses,
Gaspillent leur existence humaine, n'ayant jamais
suffisamment de temps et ne rassemblant jamais
les accumulations.
Ils n'ont pas même un instant pour ralentir leurs activités
et se reposer.
Bien qu'ils aient littéralement des montagnes
de richesses, de possessions, et de nourriture,
Ils ne peuvent apporter une simple aiguille en ma présence.

Les membres d'une famille ne s'écoutent pas
réciproquement;
Se querellant le matin, ils se battent à la tombée de la nuit
comme les demi-dieux.
Ils ne resteront pas longtemps en compagnie les uns

des autres, mais ils suivront chacun leur propre chemin.
Ainsi, soyez bons les uns envers les autres au sein
de la famille et récitez le mantra en six syllabes.

Les gens s'irritent contre leurs bienveillants parents,
Donnant de préférence tout le pouvoir à leurs conjoints
Et traitant les hommes et les femmes âgés de leur famille
comme des cadavres de lépreux.
Quand les gens vieillissent, leur cœur défaille
et leur esprit décline,
Aussi, traitez-les avec respect, parlez-leur d'une voix
douce et en usant de paroles apaisantes.
Car il n'existe pas de forme plus élevée de spiritualité.

Vous, habitants du monde humain ordinaire qui vous
acquittez de la dette de reconnaissance envers vos parents,
Vous êtes prêts et aptes à aller au Royaume
de Suprême Béatitude.
Ceux qui font les préparatifs, disposent les sièges,
pourvoient aux nécessités de la vie,
Servent de guides et parlent d'une voix douce
et rassurante
A ces personnes âgées qui viennent de très loin
en pèlerinage,
Sont comme ceux qui confient à un un autre
un joyau qui exauce les souhaits.
Ils n'auront aucune difficulté à suivre le chemin
de la libération.

Placer sa confiance en des lamas et établir des connexions
avec des êtres spirituellement supérieurs,
C'est comme tenir un flambeau dans une chambre obscure;
Ceci vous mènera au Royaume de Suprême Béatitude

sans transition ni changement.

Engendrer de la compassion pour les êtres et dédier
votre vertu aux autres,
C'est comme un trésor de joyaux qui exaucent
tous les besoins et tous les souhaits.
Dans toutes les vies futures vous jouirez de la richesse
des êtres souverains.

Qu'il s'agisse du grand roi siégeant sur son trône
ou de l'humble mendiant appuyé sur son bâton,
Lorsqu'ils sont en ma présence, il n'y a pas de "grand"
ni de "petit" qui vaille un cheveu;
Par conséquent, venez à moi en ayant pratiqué la vertu
du dharma.
Toi, n'oublie pas mon message, Dudjom Dreulma.
Accomplis le bien des êtres, qu'ils soient importants
ou modestes, en t'inspirant de ces mots.
OM MANI PADMÉ HOUNG HRI.

Dans encore un autre endroit terrifiant se trouvaient maintes personnes qui avaient été des voleurs, des brigands et des chasseurs meurtriers, qui avaient posé des pièges pour les cerfs musqués, escroqué autrui en affaires, menti et blasphémé, volé leurs aînés sans défense, calomnié ou frappé des moines, tué des chiens, des chevaux et des serpents — un nombre incalculable de gens qui s'étaient engagés dans les dix sortes d'actions non-vertueuses[44].

Parmi eux, il y avait un boucher nommé Atsog qui, en sanglots, fut amené devant Dharmaraja. Les serviteurs le harcelaient, criant sauvagement: "Tuez, tuez-le! Frappez, frappez-le!" Le serviteur à tête-de-bœuf, Awa Lango, lui dit alors:

Quand tu étais dans le monde humain ordinaire
tu riais aux éclats lorsque tu commettais
les actes nuisibles qui sont la cause de ceci.
Comme conséquence, tu pleureras de détresse
en subissant une destinée inférieure.
A quoi sert-il de pleurer maintenant que tu es
dans les plaines des enfers?

Ils lui frappaient la tête à coups de marteau, dépeçaient son dos avec une scie, transperçaient sa poitrine avec une courte lance et lui lançaient une volée d'armes. Après s'être renseignés sur les actions vertueuses et néfastes qu'il avait commises, ils l'entraînèrent dans l'Enfer d'Intense Chaleur.

OM MANI PADMÉ HOUNG HRI

Un certain Choungdreun de la région de Gojo, ainsi que Paldreun Dalo et sa fille, avaient administré du poison à un lama, séduit des moines et diffamé leurs supérieurs spirituels. Comme résultat, leur dos était lesté de masses de métal fondu, leur langue lacérée par des épées de fer enflammées et du métal en fusion était coulé dans leur bouche.

Tara prit la parole:

Les actes négatifs du corps sont comme un marais
fangeux de sables mouvants:
cela semble doux, pourtant c'est source de souffrances.
Les actes négatifs de la parole sont comme des langues
de feu étincelantes:
Bien qu'une étincelle soit petite, elle peut embraser
des montagnes de vertu.
Les actes négatifs de l'esprit sont comme du poison
virulent:

Agréables en bouche, ils provoquent toutefois de grands tourments dans les royaumes inférieurs.
Pour ceux qui ont commis des actes nuisibles du corps, de la parole, et de l'esprit,
Puissent les effets en être dissipés comme givre au soleil!
OM TARÉ TAM SOHA

Un dénommé Argong de la région de Barong avait persuadé la conjointe d'un lama de s'enfuir avec lui, mais ils étaient morts et erraient dans le pays de Yama. Je vis le seigneur de la mort, Yama Dharmaraja, leur infliger divers châtiments. Plusieurs créatures carnassières leur déchiquetaient le corps; leurs tourments étaient sans limites. Arriva ensuite un lama vêtu de blanc, aux longs cheveux tombant sur les épaules. Il chanta mélodieusement trois fois le mantra de vajra gourou et s'en alla, conduisant la conjointe sur un chemin de lumière blanche.

OM MANI PADMÉ HOUNG HRI

Il y avait d'innombrables hommes, femmes et enfants de la région de Barong. Je n'ai pas le temps de rapporter tous leurs noms, mais si vous désirez en savoir plus et si vous vous intéressez sincèrement à eux, j'aurai beaucoup à vous dire, à condition que vous n'ayez ni rompu les engagements sacrés qui vous lient à moi, ni été fourbes à mon égard de quelque manière que ce soit.

Il y avait aussi une douzaine de braconniers de la région de Dartsédo[45], au sujet desquels ceci fut dit:

Sous l'emprise de la cruauté et de la colère, ils ont posé des pièges en feutre de yacks.
Le sang de ceux qu'ils ont tués formait

un lac tourbillonnant.
Le butin de leurs vols et pillages s'amoncelait
comme une montagne.
Ils ont entraîné tous ceux qui leur étaient liés
vers de funestes destinées.

Examinant les moindres détails, Awa à Tête-de-Bœuf déclara: "Pour le compte de la famille Gya Trouglo, ces hommes ont fait couler le sang dans deux vastes régions en poignardant des gens. Ce sont des chefs de bandes responsables de la mort de nombreuses personnes. Ils ont commis tellement d'actes nuisibles que je ne peux même pas tous les mentionner."

Poussant d'abominables hurlements: "Tuez, tuez-les! Frappez, frappez-les!" les serviteurs du seigneur de la mort les conduisirent tous, tête basse, dans l'Enfer d'Intense Chaleur.

OM MANI PADMÉ HOUNG HRI

Il y avait une dizaine de femmes de la région de Sanguèn qui avaient fabriqué des poisons. Karma Tharchin, Tséwang Dargyag, Gœunpo Soung et d'autres, étaient en train de couper en morceaux le corps de chacune d'elles et de leur arracher la langue et les yeux.

En plus, celles qui avaient assassiné des lamas et détruit des reliques sacrées étaient précipitées dans un gouffre de feu. De farouches serviteurs du seigneur de la mort, brandissant des marteaux de fer aussi grands que des maisons, dispersaient à chaque coup des lambeaux de leur chair et de leurs os. Alors qu'elles mouraient maintes et maintes fois, uniquement afin d'éprouver continuellement d'inimaginables souffrances, elles poussaient des cris perçants qui auraient pu faire voler en éclats les montagnes et les vallées.

Toutes celles qui étaient présentes s'adressèrent à moi en criant: "Dudjom Dreulma, récite un mani pour nous!" Quant à moi, je ressentis une inconcevable compassion et je chantai mélodieusement le mani.

Je continuai mon chemin jusqu'à ce que je rencontre quatre hommes, des bouchers de Gamdzé dans la région de Hor. L'un se nommait Bouchoung et l'autre Buja; je n'étais pas certaine des noms des deux autres. Tandis que de nombreux serviteurs à tête de yack leur tranchaient à tour de rôle la gorge à l'aide d'épées enflammées, ils me crièrent qu'ils subissaient la conséquence d'avoir abattu du bétail inoffensif. Ils enduraient l'insoutenable tourment de mourir et de renaître sans cesse.

Emplie de compassion, je psalmodiai le mani et priai la noble et vénérée déesse Tara tant et si bien que les quatre bouchers furent libérés de leurs souffrances. Ils me dirent: "S'il te plaît, emmène-nous hors de cet endroit." Je les fis avancer sur un chemin de lumière blanche menant au Mont Potala, et, de joyeuse humeur, ils disparurent.

OM MANI PADMÉ HOUNG HRI

La noble et compatissante déesse prononça ensuite les paroles suivantes:

Ne servez pas du poison à de sages lamas.
Ne volez pas la nourriture des pratiquants du dharma engagés dans des pratiques intenses.
Ne pratiquez pas un dharma entaché par des actions négatives.
Ne profanez pas les supports symboliques du corps, de la parole et de l'esprit des Vainqueurs.

Evitez toujours les actes non-vertueux et consacrez-vous
aux actes vertueux.

O laïcs et moines, de condition aisée ou modeste,
du monde humain ordinaire!
Ne laissez pas votre cœur être lié par les chaînes
de l'indifférence.
Surveillez les causes et les effets du karma
comme la prunelle de vos yeux.
Par la vertu du dharma, qu'il y en ait des boisseaux
ou seulement une poignée,
Il est certain qu'il n'y a qu'une seule destinée,
C'est pourquoi, sans douter que ceci soit vrai
Priez constamment les Trois Joyaux.

Pratiquez en suivant les instructions de vos lamas;
Adoptez la vertu et rejetez les actes nuisibles.
Eprouver des regrets quand vient l'heure de la mort
n'est d'aucune aide.
O lamas et tulkous, moines et nonnes, yogins réalisés,
Pratiquants tantriques, chamans, érudits, chefs,
Ministres de gouvernements, sujets, des plus jeunes
aux plus âgés:
Gardez ce message au fond de votre cœur.

Au mieux, cultivez une suprême confiance et
maintenez votre esprit joyeux au moment de la mort.
Sinon, soyez dépourvus de crainte et ne concevez
aucune honte de vous-mêmes.
Tout au moins, n'ayez pas de regrets.
Ne commettez pas de fautes! Ne commettez pas de fautes!
Pratiquez la vertu!
OM TARÉ TAM SOHA

Il y avait plusieurs milliers de forgerons du monde humain ordinaire, dont les corps disparaissaient sous des monceaux de charbon aussi volumineux que le Mont Soumérou. Ils étaient consumés dans des feux qui brûlaient sans que la chair se détache des os et ils étaient battus par des marteaux de fer de la taille du Mont Soumérou. Puis, ils étaient saisis par des pinces en fer et brûlés comme auparavant. Leurs corps calcinés prenaient la couleur du métal; ils étaient cassés en morceaux et façonnés dans une forge. Ils étaient ensuite brûlés comme précédemment. Des armes si grandes qu'elles devaient être portées à dos d'homme étaient enfoncées dans leurs corps qu'on traînait avec des chaînes en fer incandescent. Ils étaient alors brûlés comme auparavant et cela continuait ainsi. Cette vision fut si terrifiante que je m'évanouis presque.

J'interrogeai les serviteurs: "Quelles actions ont mené à ce résultat?"

"Ha,ha! répondirent-ils. Ces individus ont forgé des fusils et d'autres instruments de destruction — des couteaux et des haches de guerre, des flèches et des lances — utilisés pour tuer bon nombre de gens et de chevaux. Ils ont réparé des fusils au tir mal ajusté, allongé et rectifié les canons et les lignes de mire et trempé des épées et ainsi de suite."

Ce disant, des milliers de serviteurs infligeaient à ces forgerons d'incessantes tortures.

OM MANI PADMÉ HOUNG HRI

Il y avait des gens qui avaient causé des dissensions à l'intérieur des ordres monastiques, détourné les biens des temples et des monastères ou fait des bénéfices et du commerce avec les offrandes accumulées par la sangha. Je fus incapable de tous les identifier. Dans un endroit, il s'en trouvait plusieurs milliers dans la bouche desquels on versait des braises ardentes, des ordures et du métal en fusion.

Ils se lamentaient: "Hélas! Comme nous sommes tourmentés! O Père, ô Mère! Que notre peine est grande! Qu'il est difficile pour nous d'être libérés de ce supplice et de ces souffrances! Lorsque nous étions dans le royaume humain, nous n'imaginions pas que de tels maux puissent exister. Mais nous voyons maintenant à quel point s'ingérer dans la propriété de la sangha est dangereux. Avaler du poison aurait été plus simple, car une seule mort s'en serait suivie. Détourner les biens de la sangha n'est pas comparable puisque cela engendre d'aussi insurpassables douleurs. Hélas!"

On me dit que, même s'ils étaient libérés de cet état, ils renaîtraient comme prétas à l'esprit obscurci de voiles[46]. Ceux qui avaient provoqué conflits et discorde au sein de la sangha subissaient l'enfer le plus bas, l'Enfer des Tourments Incessants, sans qu'aucun intervalle ne se soit écoulé entre leurs vies antérieures et cette vie présente.

OM MANI PADMÉ HOUNG HRI

ༀ། J'aperçus également des tantrikas[47] laïcs qui avaient agi de manière irresponsable, de vieux sorciers et des personnes ordinaires qui s'étaient fait passer pour des lamas, dont un nombre inconcevable vomissait du sang et endurait des souffrances physiques insupportables. Je vis maintes créatures carnivores les dévorer et beaucoup de serviteurs des enfers les accabler de leurs méfaits.

ༀ། O renommés lamas d'aujourd'hui, ordonnés et laïcs, une humble jeune fille comme moi ose à peine s'adresser à vous, et pourtant je vous implore. Dans les royaumes des enfers se déroulent des jugements que vous pouvez constater par vous-mêmes. Et si nous en tenions compte? Vous, tantrikas laïcs, avec vos longs cheveux noirs et vos robes blanches, vos femmes et vos enfants, vous êtes nombreux de nos jours. Vous appuyant sur des dieux et des démons, en possession de quelques pouvoirs psychiques mineurs, vous trompez les autres en prétendant avoir des visions de dieux et de démons. Si vous êtes capables d'y réfléchir, faites-le maintenant. Puisse cela ne point vous porter préjudice et puissiez-vous jouir de longues vies. Telle est ma requête.

༄༅ ། Ce qui suit fut un message de Yama Dharmaraja:

Des lamas vénérables, des moines et des nonnes
de ce monde
Placent de manière superficielle leur confiance en des
gourous, sans les observer attentivement.
Ils ne veillent pas à maintenir leurs engagements sacrés,
Créant ainsi un poids qui les entraînera
dans les profondeurs des enfers.

En particulier, le lama dont nous recevons les initiations,
Qui nous montre le chemin de l'épanouissement spirituel
et de la liberté
Et nous révèle notre nature fondamentale
Est l'essence des mille bouddhas de ce kalpa fortuné.

Pour ceux qui contrarient leur lama ou vont à l'encontre
de ses paroles
Ou qui causent des dissensions parmi les amis spirituels,
frères et sœurs
Appartenant au même mandala[48] et à la même lignée
d'enseignements,

Aucune accumulation de vertu ne sera bénéfique.
Mais encore, alors que ceux qui ont commis
des actes négatifs à l'encontre des bouddhas
Peuvent purifier leur karma par la confession, ceux qui
ont rompu leurs engagements sacrés n'ont
aucun recours.
Alors que ceux qui ont massacré plusieurs milliers
d'êtres humains et de chevaux
Ont les moyens de se confesser, ceux qui ont rompu
leurs engagements sacrés ont abandonné les objets
de refuge auxquels ils auraient pu se confesser.
Désobéir à la parole de son lama racine constitue un mal
plus grand que de tuer un être humain chaque jour.
Même si les mille bouddhas de ce kalpa fortuné devaient
apparaître,
Toutes cordes qu'ils pourraient lancer pour sortir de là
ceux qui sont responsables de ce grand mal seraient
rompues.

Ce n'est pas seulement soi-même qui tombe;
Tous ceux qui nous sont liés par la parole ou le contact,
comme des troupeaux de veaux et de moutons
qui se jettent en débandade du haut d'une falaise,
Seront précipités la tête la première dans l'Enfer Vajra[49].

A ce moment-là, la terre du monde ordinaire tremblera
Et de nombreuses personnes saintes trépasseront.
Durant mille kalpas, il n'y aura aucune libération
de cet état;
Mais plutôt, pendant d'innombrables milliards
de kalpas incalculables,
Ils seront soumis à toutes les souffrances à la fois

Sans pouvoir aucunement supporter cette détresse.

Hélas, lamas et tulkous, laïcs et ordonnés
du monde ordinaire!
Ne cessez d'offrir des prières en demeurant en tout temps
inséparables
Du lama racine, qui est l'égal des bouddhas
des trois temps[50].

Ne laissez pas vos trois facultés[51] être distraites.
Servez votre lama de toutes les manières qui vous sont
possibles.
Offrez les biens que vous avez acquis comme
une agréable offrande de mandala.
Si vous pouvez accepter les ordres de votre lama
Et mettre votre corps et votre force vitale au service
du lama,
Alors, quand bien même vous ne pratiqueriez aucune autre
vertu, telle la méditation de divinités ou la récitation
de mantras,
Vous n'aurez pas besoin de me rencontrer quand vous
quitterez la prison de votre corps.
Vous serez prêts à aller dans le royaume pur
qui vous plaît.

Puisque ce message révèle ouvertement des sujets cachés
et secrets,
Ne soyez pas timides ou embarrassés; proclamez-le
bien haut à tout le monde.
Si vous désirez écouter les conseils de Dharmaraja,
Retenez ce que j'ai dit dans votre cœur.
Samaya!

Je continuai à avancer dans les enfers jusqu'à un endroit où environ dix-huit chaudrons de cuivre étaient retournés, l'ouverture en bas. Je me demandai: "Comment se fait-il que ces choses étonnantes soient à l'envers?"

Sur ce, Awa à Tête-de-Bœuf retourna le plus petit d'entre eux (qui était si vaste qu'il aurait fallu à un cheval dix-huit jours pour en parcourir la circonférence) en plaçant l'ouverture en haut, face à moi. De nombreuses couches de sang en tapissaient les parois. Mon cœur brûlait tandis que je tremblais d'émotion.

Il dit: "Le fait qu'ils soient renversés cette année signifie que maints lamas, en particulier Tromgué Khakyeu, Dza Keunchog, et d'autres, sont partis pour les royaumes purs, emmenant tous ceux qui ont établi une connexion avec eux. Ceux-là ne glisseront pas en arrière dans l'existence cyclique."

Le long d'un chemin aux couleurs de l'arc-en-ciel — blanc, jaune, rouge et vert — le grand mendiant Thrulzig, le lama Gyourmé Dorjé de Tabor, s'approcha avec une suite de nombreux disciples. Il chantait le chant suivant:

> OM AH HOUNG VAJRA GOUROU PADMA SIDDHI HOUNG
> Je ne vois pas de royaume des enfers, je vois seulement celui du sublime royaume pur, l'espace fondamental des phénomènes.
> Je ne vois pas Yama Dharmaraja, je vois seulement le dharmakaya Samantabhadra.
> Je ne vois pas des foules de serviteurs courroucés, je vois seulement les divinités paisibles et irritées des mandalas.
> Je ne vois pas les enfants blanc et noir du karma, je vois seulement l'énergie dynamique spontanée de la connaissance transcendante et des moyens habiles[52].

Je ne vois pas des laïcs, des moines ou des nonnes, je vois
seulement le royaume pur de toute la vaste étendue
de la pureté cosmique.
Je ne vois pas les conséquences d'actes vertueux
et nuisibles, je vois seulement l'énergie dynamique de la
conscience intrinsèque ornant la véritable nature de la réalité.
Je ne vois pas de différence entre ceux qui ont établi une
connexion et ceux qui ne l'ont pas fait,
je vois seulement que tous sont implicitement connectés
dans l'espace fondamental des phénomènes.
Je ne vois pas de royaumes d'existence supérieurs ou
inférieurs, je vois seulement la pureté primordiale
de l'existence conditionnée et de l'état de paix.
Vite, vite, vous tous, suivez-moi!

Pendant qu'il chantait, une lumière émana de son cœur en brillant comme un rayon de lune. Au moment même où elle illumina tous les royaumes des enfers, les cris de détresse et les pleurs cessèrent brusquement. Les habitants des enfers se tinrent debout, les yeux écarquillés, remplis d'appréhension. Même Dharmaraja disparut un bref instant. Le lama passa, conduisant quelque douze mille êtres au royaume de Potala, qu'ils aient eu ou non une connexion avec lui.

Je me prosternai, fis des offrande, et ne cessai de réaffirmer ma foi et ma joie. La vénérée Tara joignit aussi les mains disant: "Ce lama s'appelle Akara, il est également connu sous le nom de Tashor Gyourmé Dorjé."

༄༅། Un lama du district de Nyagrong, un certain Yéshé Dorjé, entouré d'un cortège de nombreux dakas et dakinis, apparut aussi à cet endroit. La clarté rayonnante de son corps était difficile à soutenir. Les mots qui suivent sortirent de sa bouche:

Je prie aux pieds du grand saint accompli de la
  Falaise de Lhangdrag[53].
Je suis Yéshé Dorjé à la vue libre de toute fabrication,
Yéshé Dorjé à la méditation dépourvue de confusion,
Yéshé Dorjé à la conduite parfaite,
Yéshé Dorjé au dessein inébranlable.
Dès mon jeune âge, j'ai suivi un grand saint accompli.
J'ai mené à leur apogée ma vie et ma pratique.

Tous ceux qui ont une connexion avec moi,
  je les ai guidés vers le chemin de l'omniscience.
Que tous ceux qui ont foi en Padma Dudul,
Le grand saint accompli du district de Nyagrong,
Et en moi, un vieil homme,
m'accompagnent maintenant au sous-continent
  de Chamara,
Sur le Mont Glorieux.
OM AH HOUNG VAJRA GOUROU PADMA SIDDHI HOUNG

Les dix-huit royaumes des enfers[54] furent alors inondés de lumière. Puis le lama conduisit quelque vingt mille personnes, des lamas, des moines, et des laïcs, même des mendiants et des aveugles, au royaume du Glorieux Mont Couleur de Cuivre sur le sous-continent de Chamara.

J'éprouvai une foi et une joie inimaginables. La vénérée déesse se prosterna trois fois et dit: "Le nom de ce lama est Jnanavajra[55], autrement connu comme le mendiant Yéshé Dorjé. Entendre simplement son nom est déjà un incommensurable bienfait pour les êtres."

Parmi maints hommes et femmes de la communauté de Sateu se trouvait un homme appelé Wangyal qui portait sur le dos un mala en graines de l'arbre de la bodhi de la taille d'une montagne[56]. Incapable de le soulever, il poussait des cris de douleur tandis que les serviteurs de Yama Dharmaraja le rouaient de coups.

Je demandai à un serviteur à tête de tigre quelle action avait produit ce résultat. Il répondit: "Cet homme a frappé un pèlerin errant, un yogin réalisé, sur la route de Tsiwa et lui a dérobé par force son mala et toutes ses autres possessions."

OM MANI PADMÉ HOUNG HRI

Il y avait un dénommé Ashè, habillé en grenat foncé, qui avait vécu dans la région de Gakheu. Il avait calomnié de nombreux lamas et de vénérés supérieurs spirituels, il avait feint de lire les écritures et s'était fait payer pour réciter plusieurs fois le Kangyour sans jamais avoir accompli ces récitations[57]. Sur sa langue, qui avait été arrachée de sa bouche et qui était aussi vaste que la Prairie d'Aji[58], se tenaient des buffles en fer aux cornes acérées. A ces cornes étaient fixés des socs de charrues en métal incandescent avec lesquels les buffles labouraient ce "champ". Les souffrances de l'homme étaient infinies. Un serviteur à tête de singe s'adressa à lui:

Les paroles du Vainqueur[59] sont comme un joyau
  qui exauce les souhaits:
N'en tirez pas d'honoraires ni ne les vendez aux autres.
La parole du lama est semblable à un vase de cristal:
Ne la jetez pas dans la saleté ou la boue, mais vénérez-la.
La parole entièrement parfaite du Bouddha est
  comparable à un océan de remèdes:
Ne restez pas assis sur le rivage à mourir de soif.

Feindre de lire des textes revient à faire croire que le cuivre est de l'or,
Mais le cuivre ne devient pas or, et tu subis ce genre de souffrances.

Pendant que le serviteur parlait, les buffles ne cessèrent de labourer.

༄༅། Quelque neuf hommes de la région de Ragchab se trouvaient dans le bardo. Ils n'étaient pas conscients du fait qu'ils étaient morts et leur esprit restait attaché à leurs richesses et à leurs possessions ainsi qu'à leurs parents. De même que de nombreux autres, ils n'étaient pas maîtres de leur destination.

Il y avait en plus une centaine de moines de Nyitso portant des vêtements en fer incandescent semblables, pour certains, à un châle de moine, pour d'autres, à une longue robe de moine, pour d'autres encore, à une chemise de moine. On me dit que ceci était le résultat d'avoir participé, sans s'être confessés ni purifiés, à des festins d'offrande alors que, leurs engagements sacrés n'étant pas purs, ils avaient prétendu qu'ils l'étaient.

Il y avait aussi un homme aux cheveux grisonnants du nom d'Atsang de la région supérieure de Throm. Plusieurs serviteurs de Yama lui versaient du métal fondu dans la bouche en disant: "Cet individu subit la conséquence d'avoir mangé en cachette des offrandes de nourriture préparées dans sa propre maison et dans celles d'autres gens, de sorte que ses restes ont fini dans la bouche des membres de la sangha ordonnée."

J'adresse ma prière au noble Avalokiteshvara.
Je prie Avalokiteshvara de nous guider sur le chemin.
Je vous supplie de conduire au Mont Potala

les créatures mortelles
Qui errent dans les royaumes inférieurs des enfers.

OM MANI PADMÉ HOUNG

Il y avait un vieillard de la famille de Lama Tromgué, vêtu d'une ample robe noire flottante. De la main droite il faisait tourner un moulin à prières en argent, alors que dans la main gauche il tenait un mala en bois d'acacia. Son nom était Tromgué Seunam Namgyal et il chantait à haute voix le mani sur une plaisante mélodie. Les habitants des enfers lui témoignaient respect et confiance. Patriarche et émanation d'un bodhisattva, il se remit en route, menant de nombreux êtres sur le chemin de la libération.

Lama Jinpa Deundèn du clan des Zour, au comportement des plus étranges, tenant un mala en os et psalmodiant le mantra de vajra gourou, passa par là en conduisant beaucoup d'êtres sur le chemin de la libération.

Un certain Rinchèn de la famille Kyompa, un bienfaiteur de Tromgué Chogtrul, se trouvait dans le royaume des enfers et chantait mélodieusement le mani d'une voix limpide. Proclamant: "Chogtrul Dorjé Chang est omniscient!"[60] il emmena plusieurs personnes au royaume du Mont Potala.

Un dénommé Bouchoung, de la région de Nyoshul, était dans l'Enfer des Résurrections. Il me demanda de réciter pour lui le mani, ou même un seul OM.

— Qui êtes-vous? fis-je.

— Je suis ton oncle maternel.

— Alors comment se fait-il que vous n'ayez pas été sauvé par Orgyèn Thoutob Lingpa?

— Mes souffrances, reprit-il, résultent des fautes commises lors de mes entretiens avec ce lama.

Après que j'eus récité de loin trois fois le mani à son intention, il passa et disparut de ma vue sans que je sache où il se rendait.

OM MANI PADMÉ HOUNG HRI

༄༅ । Un habitant des enfers à tête de hibou menait beaucoup de gens à travers une plaine de fer incandescent, causant des tourments à nombre d'entre eux, laïcs et ordonnés. Cet habitant des enfers à tête de hibou s'adressa à moi: "Jeune fille du monde ordinaire au noble comportement, ne marche pas sur ce couteau de cuivre qui m'appartient."

Je récitai sans discontinuité le mani. "Je vous en prie, agissez de manière à ce que ces êtres trouvent en vous un allié," suppliai-je.

L'habitant des enfers, outré par ma requête, dit: "Quelles sortes d'actions vertueuses et nuisibles as-tu commises? Explique-toi clairement!"

— Je suis allée partout, répondis-je, depuis le Glorieux Mont Couleur de Cuivre jusqu'en bas et depuis la grande plaine de fer incandescent des enfers jusqu'en haut. J'ai exposé devant Dharmaraja mes actions vertueuses et mes méfaits, le positif et le négatif. Je suis une jeune fille qui vit selon les causes et les effets du karma. Quelles sortes d'actes vertueux et néfastes avez-*vous* commis?"

Il resta là sans rien répondre, se contentant de sourire.

OM MANI PADMÉ HOUNG HRI

༄༅ । Il y avait une vieille femme nommée Argong de la communauté de Barchoung. Pour avoir tué des taupes, elle se faisait battre et frapper par un habitant des enfers à tête de taupe. Elle me donna un message à ramener: si, en son nom, cent millions de manis, le *Tantra de la Confession*

Immaculée, la *Confession des Actes Nuisibles*, et le *Soutra de la Libération* étaient gravés dans la pierre et si des dons étaient faits à de nombreuses assemblées de moines, elle renaîtrait comme tantrika laïque dans la région de Dergué.

Pendant qu'elle parlait, elle visita brièvement un royaume pur grâce aux aspirations d'un lama du clan des Ango de Barchoung; mais, ensuite, ce karma s'épuisa et comme résultat d'avoir tué un être humain, elle reprit naissance dans l'Enfer des Résurrections.

Afin qu'elle soit libérée de l'anneau de fer qui lui étranglait le cou, je suppliai le suprême compatissant Avalokiteshvara et récitai de loin à son intention le mani; sur quoi, l'anneau fut retiré.

Elle obtiendrait, me sembla-t-il, une renaissance humaine dans environ sept vies. Elle dit que pour qu'elle soit libérée les gens devraient se confesser et se purifier (plus particulièrement par la récitation de cent millions de manis, cent millions de siddhis, un million trois cent mille mantras de Vajrasattva en cent syllabes et la *Confession des Actes Nuisibles*); elle pourrait alors renaître dans le royaume pur d'Avalokiteshvara après avoir passé une vie en tant qu'être humain.

La langue d'un certain Nyima Phuntsog de la région de Tsang au sud du Tibet central avait été étirée jusqu'à devenir aussi vaste qu'un pays entier. Elle était hérissée de pointes de fer dans les quatre directions et arrosée de métal liquide bouillant. On me dit que ceci était la conséquence d'avoir blasphémé et menti et plus spécialement d'avoir eu des opinions incorrectes sur des membres de la sangha ordonnée.

Un dénommé Deundroub, parce qu'il avait incendié des maisons, était maintenu par des habitants des enfers au-dessus d'un grand feu embrasé de fer chaud incandescent et brûlé jusqu'à ce que ses os soient encore tout juste reliés les uns aux autres. Il était ensuite ranimé et ses souffrances reprenaient de la sorte.

Du métal en fusion était déversé dans la bouche de Tséring Dreulma, la conjointe d'un certain Lama Tènpa de Minyag, comme résultat d'avoir empoisonné le lama. En raison de ses intenses souffrances, des larmes aussi abondantes qu'une année de pluies se déversaient de ses deux yeux. Les habitants des enfers faisaient des bruits effroyables, un vacarme pareil aux grondements de mille dragons, de quoi faire voler en éclats le ciel et la terre.

Sept hommes de la province de Golog, dont Tséring le Tueur de Yacks Sauvages, étaient accrochés aux cornes de nombreux yacks sauvages en fer; puis, ils étaient précipités à terre et encornés. Du métal liquide était versé dans la bouche de leurs femmes, Chimé Dreunma et les autres, de sorte que de tous leurs orifices jaillissaient des langues de feu rougeoyantes. Leurs tourments étaient extrêmes.

Gœunpo Dargyè Tsogo, Jé Nyima, et d'autres gens de Dartsédo, pour avoir souillé le thé servi à des assemblées de la sangha ordonnée et pour avoir battu ou frappé des moines de la sangha, se débattaient dans la rivière infranchissable des morts qu'ils tentaient de traverser; souffrant intensément, ils poussaient des cris perçants.

༄༅། A ce moment-là, Yama Dharmaraja me donna le message suivant à ramener:

> Transmets ce message aux lamas:
> Dans la vue ultime de la nature fondamentale
> de la réalité libre de toute élaboration,

Il faut être comme l'espace, sans tomber dans aucun
des extrêmes.
En cultivant les étapes du développement et de
l'achèvement, présence spontanée de la pure clarté,
Il faut être comme une montagne, sans changement
ni vacillement.
Dans le maintien de la conscience primordiale,
libération naturelle des cinq poisons[61],
Il faut être comme l'océan, sans acceptation ni rejet.
Pour accomplir le bien des êtres, montrant la voie à suivre
pour aider les autres,
Il faut être comme un père ou une mère, sans émettre
de jugements fondés sur l'intimité ou la distance.
Pour découvrir l'objectif qui est l'accomplissement
spontané des deux sortes de bienfaits,
Il faut être comme celui qui s'est rendu à l'Ile d'Or et
n'a pas perdu ce qu'il y a trouvé.
Celui qui se comporte ainsi est extrêmement bon, sans
pareil parmi ceux qui préservent les enseignements
et se soucient des êtres.

Quant à ceux qui affectent le comportement des lamas,
Qui accomplissent powa[62] pour d'autres sans comprendre
leur propre esprit,
Qui réduisent le mantra secret[63] à un marmonnement
de rituels vides dans le but d'obtenir de la nourriture
ou des biens matériels,
Qui prétendent exceller à réaliser le bien d'autrui alors
qu'ils sont mus par le désir d'amasser des richesses,
Qui ne font qu'imiter l'enseignement sacré du Bouddha
sans avoir libéré leur propre esprit,

Et qui conduisent de nombreuses personnes, vivantes et
mortes, sur de fausses voies:
Que tous ceux qui se sont conduits de la sorte
se présentent devant moi!

Porte également un message aux moines:
Ceux qui suivent les traces du Maître, le Bouddha
très parfait,
Qui placent leur confiance dans l'enseignement sacré
des soutras et des tantras,
Ceux dont le corps est paré de la bannière de victoire
des robes safran de la pureté totale,
Ceux qui ont mis fin à tout comportement nuisible et
ont rassemblé toutes les vertus:
Ils sont un champ pour les deux accumulations[64] et sont
vénérés des dieux.
Ceux qui portent l'empreinte des fils des Vainqueurs et
qui détruisent néanmoins les enseignements
des Vainqueurs,
Ceux qui ont tendance à se tourner vers des activités
temporelles,
Qui recherchent le plaisir auprès des femmes et dans le vin
et en font l'essence de leur pratique spirituelle,
Qui s'engagent dans les dix sortes d'actes non-vertueux:
Que tous ceux qui ont agi de la sorte se présentent
devant moi!

Porte également un message aux conjointes dakinis[65]:
Celles qui d'abord, avec l'initiation, font mûrir
le courant de leur esprit et maintiennent purs
les engagements sacrés,
Qui deviennent ensuite habiles dans les points essentiels

des phases de développement et d'achèvement,
Qui sont dotées d'expérience et de pratique
Et qui finalement parviennent au terme de l'accomplissement en parcourant le chemin des quatre degrés de la joie[66]:
De telles personnes résident parmi les détenteurs de la conscience intrinsèque.
Mais celles qui sont égoïstes et usent de moyens séduisants pour tromper,
Qui choisissent ensuite les maras comme compagnons et provoquent conflits, souffrances et dissensions,
Et qui, finalement, sont menées à leur perte en raison de leurs désirs adultères et de leurs pernicieuses intrigues:
Elles ne seront pas libérées.
Qu'elles se hâtent de se présenter devant moi!

Porte également un message aux nonnes:
Celles qui ont offert les cheveux du sommet de leur tête à leurs abbés et précepteurs,
Qui veillent sur leur corps comme sur des richesses que l'on met à l'abri des voleurs,
Qui considèrent leurs patries comme des ennemis et recherchent des montagnes et des vallées retirées,
Celles qui poursuivent la pratique de la vertu avec une motivation altruiste totalement pure:
Elles reconnaissent leur propre esprit et n'éprouveront nul regret à l'heure de la mort.
Dans un état de joyeuse félicité, elles iront dans le royaume pur de leurs aspirations.

Mais les fausses nonnes qui, ayant reçu l'ordination,
Ne respectent pas leurs engagements et les abandonnent

de manière flagrante,
Qui, finalement, se cachent la tête dans le sable,
Convoitant des relations sexuelles illicites et courant
ça et là comme des chiens errants:
Que toutes celles qui se conduisent de la sorte
se présentent devant moi!

Porte également un message aux chefs et aux dirigeants:
Prenez les Trois Joyaux comme principal point d'appui.
Restez attachés au royaume du dharma
comme premier conseil.
Ne recherchez pas votre propre intérêt, mais protégez
les lois de la vertu.
Incitez tout le monde à pratiquer la vertu et interdisez
la chasse et la pêche.
Vous acquerrez du pouvoir, de l'influence, ainsi qu'un
noble corps, et vous retrouverez continuellement
le chemin de la libération.

Si, en revanche, vous ne distinguez pas ce qui est
excellent de ce qui est nuisible,
Vous entraînerez la ruine de votre propre faction,
vous commettrez des crimes contre d'autres
Et vous passerez votre vie entièrement engagés dans des
luttes intestines, des disputes, des conflits et des querelles.
Vous provoquerez inutilement la détresse
de nombreux êtres.
Que tous ceux qui se conduisent de la sorte se présentent
devant moi!

Porte également ce message aux hommes:
Ceux parmi vous qui, bien que commettant au début
un mélange d'actions positives et négatives,

Etablissent ensuite des connexions avec plusieurs lamas
Et rencontrent finalement l'authentique enseignement sacré du Bouddha,
Parvenant à la confession comme antidote des actions malfaisantes:
Qu'ils suivent joyeusement un noble chemin qui mène à des états de plus en plus proches de l'Eveil.

Mais la plupart d'entre vous se comportent de façon non-vertueuse, comme des chefs de soldats ou de bandits,
Rassasiés de nourriture et de richesses, accomplissant les cinq actes aux conséquences immédiates[67],
Tenant le lama et les Trois Joyaux pour un fléau.
Vos esprits sont enflammés, déterminés à ne commettre que des actions négatives:
Que tous ceux qui se conduisent de la sorte se présentent devant moi!

Porte également un message aux femmes:
Celles parmi vous qui n'ont pas failli à leurs devoirs envers leurs braves parents,
Qui n'ont engendré ni discorde, ni violence domestique, ni disputes,
Mais qui se sont occupé d'eux et ont agi avec bienveillance à l'égard de chacun,
Evitant une conduite non-vertueuse et recherchant la vertu autant que possible:
Qu'elles soient sans regrets à l'heure de la mort et se rendent dans des royaumes de renaissance supérieurs.

Certaines d'entre vous brisent toutefois le corps et l'esprit de leurs aimables parents,

Créant beaucoup de discorde, de violence domestique et de disputes,
Se montrant des plus habiles à mener d'astucieuses intrigues chargées de venin, d'opinions erronées sur tout le monde, les calomniant sans cesse:
Que celles qui se comportent de la sorte se présentent devant moi!

Porte également un message à tous les gens du monde ordinaire:
Puisque vous êtes nés dans un royaume supérieur, tournez votre esprit vers le dharma.
Gardez constamment dans vos mains moulins à prières et malas.
Poursuivez la récitation du mani et du siddhi comme l'essence de votre parole.
Ceux parmi vous qui sont animés d'une noble motivation et d'une grande compassion
Ne me rencontreront pas mais iront au pur Royaume de Suprême Félicité.

Quant à ceux d'entre vous qui, depuis le tout premier jour de leur naissance,
Ne font qu'accomplir des actes nuisibles et non-vertueux et tournent le dos aux Trois Joyaux,
Ils ne me rencontreront pas non plus, mais iront dans l'Enfer des Tourments Incessants.

Dans ce dharma unique, développer la vision pure et la compassion, prendre refuge, et prier,
Réciter le mani, le siddhi et le mantra de Tara ainsi que les paroles des Bouddhas Vainqueurs,

Empêcher la chasse et la pêche, exhorter les autres
à pratiquer la vertu,
Racheter la vie des êtres, utiliser des drapeaux de prières,
des moulages de tsatsas et des moulins à prières,
Accomplir des rituels de jeûne de *nyoung-né*,
des prosternations, des circumambulations
ainsi que la purification des voiles:
Il n'existe pas de plus grandes actions vertueuses
que celles-ci dans les trois domaines d'existence.
N'oublie pas ces messages, mais transmets-les à chacun.

Puis, sur un chemin de lumière blanche, je vis des gens, ordonnés et laïcs, qui tenaient des moulins à prières, égrenaient des malas, participaient à des rituels de jeûne, gravaient dans la pierre des manis, suspendaient des drapeaux de prières, réparaient des chemins et des corniches, amélioraient des mauvaises routes, encourageaient d'autres à pratiquer la vertu, moulaient des tsatsas, allumaient des lampes d'offrande, faisaient des prosternations, se rendaient en pèlerinage et rachetaient la vie d'êtres destinés à être tués.

Les innombrables milliards qu'ils étaient arboraient une allure imposante, étaient joyeux d'esprit et heureux dans leurs pensées. Murmurant à voix basse le mani, le siddhi et le mantra de Tara, ils se dirigèrent vers le Royaume de Félicité, le Mont Potala et le Glorieux Mont Couleur de Cuivre.

Telles sont mes paroles, qui ne transgressent pas les instructions du lama. Mes parents pleins de bonté et tous les habitants de notre région m'ont demandé à maintes reprises de raconter mon histoire, c'est pourquoi j'en ai transcrit ici une ébauche. Puisse-t-il vous plaire.

En ces temps dégénérés, où de nombreux grands problèmes prolifèrent, si nous ne restons pas attachés avec conviction aux paroles des Vainqueurs, que pourrait-on dire de nous? Ce récit du dharma des causes et des effets que j'ai vraiment vus n'est pas entaché de mensonges; ce n'est pas non plus la répétition de paroles que d'autres ont prononcées. Par la grâce de la vénérée Tara et de mes bienveillants lamas, j'ai trouvé l'assurance pour parler, sans les altérer, de ces visions des enfers qui enseignent l'acceptation et le rejet[68]. Si j'ai menti, disant avoir vu quelque chose que je n'ai pas vu, ou si, désirant pour moi-même l'honneur et la réputation, j'ai fait de prétentieuses déclarations sur mon niveau spirituel, puissent les mamos[69] mangeuses-de-chair ravir ma force vitale et mon souffle.

Ceux qui récitent ce texte, le diffusent et pratiquent conformément à son contenu, s'engageant infailliblement dans l'acceptation et le rejet des causes et des effets, la noble déesse les guidera sur un chemin de lumière d'arc-en-ciel. S'il s'y trouve des termes ou des noms erronés, des lettres incorrectes, des messages oubliés ou des mots secrets révélés, je confesse ces imperfections en présence du lama. Je demande l'accomplissement de la pureté dépourvue de voiles dans cette vie-ci et dans les vies futures.

Le flot apaisant et continu de la vertu complètement pure,
A travers les centaines de rayons qu'elle irradie, dissipera les ténèbres des imperfections accumulées,
Faisant tomber une pluie de bienfaits et de bonheur sur tous les êtres qui emplissent l'espace:
Puisse chacun parvenir rapidement à l'état de la noble déesse.

Ainsi, ce récit qui relate comment la jeune fille Dawa Dreulma a passé cinq jours dans la vision des enfers et des autres royaumes a été transcrit par le scribe exactement tel qu'il est sorti de sa bouche, sans ajout ni omission et sans erreur ou confusion quant au sens.

Bonne fortune, bonne fortune, bonne fortune!
Puisse ceci être un sextuple ornement du monde,
Resplendissant d'un éclat de bon augure.
Sarva mangalam — Que tout soit de bon augure.

- 3 -

LE MONT POTALA

LE ROYAUME PUR D'AVALOKITESHVARA

Hommage au Grand Compatissant,
Avalokiteshvara, grand trésor de compassion.

༄ ། Bien que cette jeune fille ne sache s'exprimer aussi bien qu'elle le devrait, puis-je vous faire un bref récit du Mont Potala?

Le royaume qu'on appelle Mont Potala est situé au sud-est de Bodhgaya en Inde. La région est entièrement couverte de fleurs magnifiques; des arbres qui exaucent les souhaits, faits de précieux joyaux, y croissent. Des sources de nectar sourdent en bouillonnant et les cris de volées d'oiseaux proclament le dharma. Tout le monde y naît d'une fleur et il n'y a pas de changement de saison de l'été à l'hiver. Non seulement l'idée de souffrance n'y existe pas, mais l'expérience de béatitude et de bonheur est incommensurable.

Des bodhisattvas masculins et féminins qui ont atteint un niveau stable de réalisation se délectent de sublimes nourritures aux cent saveurs, portent des vêtements en tissu des couleurs de l'arc-en-ciel et boivent le nectar des dieux. Ils sont affranchis de la naissance, du vieillissement, de la maladie et de la mort. Ils servent des multitudes de tathagatas[1] et écoutent le dharma de la bouche même du Grand Compatissant.

Leur esprit est libéré au travers de leur infinie compassion. Ils se baignent dans des bassins remplis d'eau aux huit qualités[2].

Je trouvai là un superbe palais céleste, se manifestant et se formant spontanément, dont les murs étaient composés de cinq couches distinctes[3]. Translucide à l'intérieur et à l'extérieur, soutenu par mille piliers de cristal et embelli d'un toit aux solives constituées de pierres précieuses, il était décoré de claire-voies de lumière irisée, comme si mille soleils et mille lunes l'éclairaient. Les poutres des murs étaient en turquoise, les chaperons en corail, les escaliers en perles. Des nuées de déesses d'offrandes dansaient de manière enjouée sur une corniche basse en rubis entourant ce palais formé de cinq substances précieuses. Au-dessus s'élevait la voûte du toit, en or, avec des parasols de soie blanche et une roue du dharma flanquée de biches agenouillées et attentives[4]. Aux quatre coins du palais, des gargouilles à tête de makara[5] tenaient dans leur bouche des chaînes de perles, de clochettes et de minuscules carillons qui produisaient des sons ravissants.

Les quatre côtés du palais étaient pourvus de quatre portes. J'entrai par celle de l'ouest et rencontrai une déesse de conscience primordiale. Plus loin à l'intérieur, je perçus une profusion de richesses et de plaisirs des sens, comme dans une hallucination. Des offrandes en quantités incalculables y étaient disposées, surpassant même la richesse des grands dieux du ciel de Nirmanarati[6].

Au centre, sur un lotus blanc aux cent mille pétales déployés, se tenait, avec la fraîcheur d'un jeune homme de seize ans, le noble Avalokiteshvara, le Grand Compatissant qui apprivoise les êtres. Son corps, d'une blancheur éclatante, avait une tête et quatre mains. Les deux premières, les paumes jointes, tenaient un joyau devant son cœur, tandis que des deux autres, la droite tenait un mala de cristal, la gauche un lotus blanc qui s'épanouissait près de son oreille. J'avais le regard rivé sur les marques majeures et mineures de sa forme parfaite[7]. Il était paré de soieries et d'ornements faits de divers joyaux; son épaule était drapée de la peau d'une antilope *krishnasaranga*[8] recouvrant la partie gauche de sa poitrine. Il était assis les deux jambes croisées dans la posture du vajra[9] et son corps brillait d'une infinité de rayons lumineux. Dans mon esprit, il n'était pas différent de mon propre lama racine, Drimé Khakyeu Wangpo.

A la droite d'Avalokiteshvara siégeait son fils sublime, Manidhara, Celui qui détient le Joyau; à sa gauche sa fille, Vidyadhari, Celle qui détient le Mantra de la Conscience Primordiale; derrière lui le seigneur protecteur, le Bouddha Amitabha, et devant lui sa sublime parèdre, Shadakshari, Déesse du Mantra en Six-Syllabes. Son cortège était constitué uniquement d'êtres spirituellement supérieurs ayant atteint des niveaux élevés de réalisation, une foule inconcevable de bouddhas et de bodhisattvas.

Ma compagne Tara parla:

Cet endroit est un pays orné de fleurs.
Ce royaume est un précieux palais incommensurable.
Cette divinité est la divinité de compassion
de tous les Vainqueurs.
Cette assemblée est une assemblée de bodhisattvas
masculins et féminins.
Toi, jeune fille fortunée, il te faut faire des prosternations
et des offrandes avec dévotion.
Récite des prières de souhaits pour une connexion
karmique positive.

Remplie de crainte respectueuse et de joie, je me mis à faire des prosternations et des prières, disant:

Compatissant Avalokiteshvara,
Irradiant des rayons de compassion dans les dix directions,
Devant vous, qui êtes inséparable de mon sublime lama, et devant votre cortège, je m'incline.
J'offre en abondance d'insurpassables offrandes, réelles et en imagination.
Avec des regrets sincères, je confesse mes actes nuisibles et les manquements à mes vœux
Et je promets de les éviter à l'avenir.
Je me réjouis du pouvoir inexhaustible de la vertu.
Je vous supplie de ne pas passer dans le nirvana, mais de rester pour toujours
Et de continuellement tourner la roue du vaste et profond dharma[10].
Je dédie les vertus que j'ai accumulées afin que tous ceux qui, dans les six classes d'êtres, emplissent l'espace,
Puissent promptement atteindre votre état, ô noble et sublime.
Je vous implore: pour toutes mes vies accordez-moi la suprême bénédiction
De n'être jamais séparée de vous, Grand Compatissant.

Après que j'eus ainsi prié du fond du cœur, le visage du noble Compatissant s'illumina d'un sourire et j'entendis les mots suivants, prononcés sur un ton mesuré et mélodieux, résonance spontanée de sa parole qui parvenait à tout le mandala de son cortège:

OM MANI PADMÉ HOUNG HRI.
Mon lama est la suprême compassion.
Je suis moi-même la divinité qui personnifie

spontanément la compassion de tous les Vainqueurs.
Mon activité éveillée s'étend à tous les êtres, objets de ma compassion,
Et je veille avec une compassion particulière sur tous les êtres en détresse.

Toi, ma fille, douée également d'un esprit compatissant,
Tu as maintenant l'heureuse fortune de me voir dans ce royaume.
Tous ceux qui se prosternent devant moi et me vénèrent avec confiance et dévotion
Je les conduirai dans mon Royaume de Félicité, par la force de mes aspirations antérieures.

Par le pouvoir de ma compassion, tous ceux qui demeurent dans les six états d'existence, dont le nombre est aussi illimité que l'espace,
Spécialement tous ceux qui sont au Tibet, le Pays des Neiges,
Peuvent établir une connexion avec moi en entendant mon nom et en se prosternant devant moi avec foi;
Je veillerai sur eux avec compassion, car je suis connu sous le nom de Mahakarunika, Grande Compassion.

En particulier, ceux qui sont sans défense pendant les six quarts du jour et de la nuit[11],
Je les regarde avec compassion, l'œil de la conscience primordiale étant sans entrave.
Je les vois tous et j'accorde à ces humbles personnes un refuge définitif contre la souffrance,
Car je suis connu sous le nom d'Avalokita, Celui aux Yeux qui Voient.

Méditer sur mon apparence, se rappeler mon nom, réciter
mon mantra racine,
Et accomplir mon rituel de jeûne — ceux qui s'exercent
dans ces pratiques,
Même s'ils ont commis un acte odieux menant à
un châtiment immédiat au moment de leur mort,
Je les conduirai au Royaume de Félicité, car je suis connu
sous le nom de Lokeshvara, Seigneur de l'Univers.

En raison de ma ferme aspiration antérieure à conduire
sans effort
Dans les rangs des auditeurs d'Amitabha au Royaume
de Félicité
Tous les êtres qui me voient, m'entendent, pensent à moi,
ou me touchent,
Les Vainqueurs m'ont proclamé Khorwa Rangdreul,
Liberté Naturelle du Cycle des Existences.

Hélas! En ces derniers temps des enseignements
du Vainqueur[12],
Bien que je veille sur les êtres avec plus de compassion
que jamais,
C'est comme si la corde à laquelle est attaché le crochet
de ma compassion s'était rompue.
En raison du pouvoir virulent de la non-vertu, nombre
d'êtres sont dépourvus de foi et de dévotion.
Devant mon regard compatissant, ils semblent s'enfuir.
De même que les rayons du soleil ne pénètrent pas
dans une grotte exposée au nord,
Ils sont privés de ma présence, compassion manifeste
de tous les Vainqueurs.

Alors que ma compassion est exempte de préjugé
ou de partialité,
A cause de leurs tendances à s'obstiner dans leurs idées
qui sont par nature inappropriées,
Les êtres ne cessent d'errer dans le sombre abîme
des voies viles et des états de renaissance inférieurs.
Voyant qu'ils sont les propres artisans de leur situation,
que l'erreur leur est imputable,
Je trouve ces êtres faibles sur lesquels je veille
véritablement dignes de ma compassion.

Les temps empirent dès lors que la maladie, les armes
et la famine les tourmentent;
Leur durée de vie s'abrège dès lors que les maras
soudainement les emportent;
Leur discours dégénère dès lors qu'ils deviennent habiles
à duper les autres;
Leurs subsistances dégénèrent dès lors qu'ils dépendent
de moyens de vivre incorrects;
Leurs vues dégénèrent dès lors qu'ils se lancent
dans les abîmes de l'éternalisme et du nihilisme[13].
Même si la main du Vainqueur les en empêchait,
ils ne s'arrêteraient pas.
N'est-il pas certain qu'ils souffrent de leur insatiable
appétit?
Entraînés par leur mauvais karma, courant après ce qu'ils
croient être source de plaisir, comme ils sont dignes
de compassion!

Or toi, ô peuple du Pays des Neiges, qui brûles
ta propre chair!
Du moment que ta souffrance est créée par toi seul,

assurée par toi seul et te cause des tourments à toi seul,
Souviens-toi de la grande faute cachée commise
dans le passé, du karma et des facteurs perturbateurs.
Le moment est venu de te prodiguer quelques conseils.

Une fois seulement au cours d'une période fort longue
vous jouissez de ce support libre et bien pourvu[14].
Maintenant que vous pouvez rencontrer des amis
spirituels et pratiquer l'enseignement sacré du Bouddha,
Et qu'ont été réunies les conditions favorables, passez
le reste de votre vie exactement de cette manière.

Si, à présent, vous vous enfonciez dans le bourbier
du karma et des émotions négatives,
Vous ne feriez qu'engendrer des souffrances futures
dans les états d'existence inférieurs
Où il est difficile de trouver même l'occasion d'entendre
le nom des Trois Joyaux.
Les terrifiants serviteurs de Yama, le seigneur de la mort,
viendront vous ne savez quand.
Tant que votre esprit bénéficie de ce support,
Prenez soin de pratiquer l'essence du dharma sacré
et divin.

L'enseignement du Bouddha n'existe pas que
formellement pour vous protéger de la peur et
exaucer tous vos vœux;
Il n'est pas question d'une telle hypocrisie, regardez donc
votre esprit non-vertueux.
Maintenant que vous avez acquis un fondement de
liberté dans un royaume vertueux,
Vous avez obtenu les germes du jugement moral libre
de confusion qui vous permet d'accumuler la vertu.

En utilisant trois choses — la présence, la vigilance, et
l'attention — l'eau et l'engrais de la vertu,
méditez sur l'impermanence, ce qui accroît la vertu.

Entreprenez l'exercice de la vertu avec dévotion
et assiduité.
La foi et la confiance sont les racines de la vertu.
L'altruisme compatissant est le tronc de la vertu.
La bodhichitta de l'aspiration et la bodhichitta
de l'engagement sont le cœur du bois de la vertu.
Les six perfections sont les branches et les rameaux
de la vertu[15].
L'intention, la dédicace de votre propre vertu et le fait de
se réjouir de celle des autres sont les feuilles de la vertu.
Les quatre méthodes pour exercer une influence positive
sur autrui sont les fleurs de la vertu[16].
Enfin, la vacuité et la suprême compassion sont les fruits
de la vertu.
Si l'arbre noble de la vertu est cultivé de cette manière,
il produira ce qui vous nourrit, vous et les autres,
maintenant et à jamais;
Telle est l'infaillibilité de l'interdépendance
de toutes choses.

Sans les moyens de protéger l'arbre noble
de l'accumulation des vertus,
Celles-ci sont maintes et maintes fois gaspillées
dans le bardo.
Dénier stupidement la loi des causes et des effets,
abandonner le dharma
Et affaiblir votre discipline spirituelle, sont comme un
gel intense qui détruit la vertu.

L'agressivité, la colère, l'inimitié et l'envie
Sont une grêle violente qui détruit le fruit de la vertu.
S'attacher aux honneurs et au gain et se laisser sans cesse prendre au piège des activités de maître de maison
Sont des vers qui rongent de l'intérieur, emportant les racines de la vertu.
Railler ou insulter des lamas et des bodhisattvas,
Sous l'effet d'un orgueil, d'une arrogance et d'une morgue démesurés
Est une terrible sécheresse qui flétrit votre accumulation de vertus.
Un fort accroissement de la souffrance résulte inévitablement de tout ceci;
C'est un grand ennemi du trésor de vertu que vous avez amassé.

Les antidotes à cela sont: les trois sortes de connaissance transcendante[17],
S'appuyer constamment sur les quatre qualités[18],
Se réjouir du succès d'autrui,
Une profonde réflexion sur l'impermanence, le dégoût de l'existence cyclique, et le renoncement,
Refréner l'arrogance et s'exercer à la vision sacrée impartiale.
Ne vous départez jamais de ces moyens de protection et de défense.

Au début, soyez motivés par la foi, la dévotion et la compassion.
Observez les préceptes temporaires des vœux à huit branches[19].
Concentrez-vous uniquement sur l'abandon de ce qui distrait vos trois facultés[20].

Toute apparence, quelle qu'elle soit, est la forme
d'Avalokiteshvara, union de tous les Vainqueurs;
Les sons perçus sont la résonance du mantra racine
en six syllabes;
L'absence de toute structure conceptuelle fondamentale
est l'aire inaltérée de la bodhichitta.
Ne vous séparez jamais de ces trois points essentiels;
Récitez continuellement à haute voix le mantra
en six syllabes, qui seul suffit.
Réunissez la vertu accumulée par vous et autrui
dans les trois temps,
En l'utilisant comme une cause de réalisation rapide
de l'état de bouddha par tous les êtres,
Suivant l'exemple des Vainqueurs et de leurs héritiers,
avec des prières de dédicace et d'aspiration;
Ce thème unificateur est comme la bride qui permet
de guider un bon cheval.

Si vous vous appliquez constamment aux quatre sortes
de pratique vertueuse,
Au moment de votre mort je vous mènerai dans un état
de béatitude
Au sublime et pur Royaume de Félicité.
Dis aux gens du Tibet que cela ne fait aucun doute.

N'ayez aucune hésitation! Tel est l'affectueux conseil
qui vient du fond de mon cœur.
Ne vous attachez pas à cette vie; elle est semblable
à un rêve agréable.
Ne vous laissez pas séduire par le mal; le tort que vous
pouvez vous causer est infini.
Ne renforcez pas les huit influences mondaines[21]; vous ne
ferez que vous duper vous-mêmes.

N'élaborez pas toutes sortes de projets; rappelez-vous
que vous pouvez mourir demain.
Consacrez avec assiduité votre triple énergie[22]
au saint dharma.
C'est le plus grand service que tous les gens du Tibet
puissent se rendre à eux-mêmes.

Si tu as une disposition d'esprit aussi parfaitement
vertueuse,
Récite continûment le mani et le mantra de Tara
Et, de quelque manière que tu puisses, exhorte
tout le monde à pratiquer la vertu.
Plus tard, tu pourras aller dans le royaume pur
de ton choix.
Ma fille, tu es inséparable de moi, alors réjouis-toi.

En entendant ces paroles, je ressentis une foi sublime et joyeuse et, afin de solliciter la bénédiction du Compatissant, je récitai le vers suivant:

Seigneur Avalokiteshvara, quels que soient votre forme,
Votre entourage, la durée de votre vie, votre royaume pur,
Et quelles que soient vos nobles qualités,
Puissions-nous, moi-même et autrui, vous ressembler
parfaitement[23].

Joignant les mains, je demandai qu'à l'avenir nous puissions nous rencontrer maintes et maintes fois. L'Etre Noble répondit:

Ceux qui conservent une attitude de sollicitude dévouée,
Je me tiens devant eux;
Je leur confère initiation et bénédictions.
N'en doute pas, ô femme de Tara.

Encore plus convaincue de la véracité de ces mots, j'accomplis trois circumambulations autour du Vainqueur, faisant le tour de la cour intérieure de son palais, tout en récitant les vers qui suivent:

> Dans toutes mes vies, puissé-je ne jamais être séparée
> du lama, seigneur des êtres nobles.
> Puissé-je jouir de la splendeur du dharma,
> Menant à leur perfection les qualités des chemins
> et des terres.
> Puissé-je atteindre rapidement l'état d'Avalokiteshvara[24].

༄༅ । Je vais à présent faire quelques remarques fondées sur des sources écrites afin de donner plus de crédibilité à ce que je viens de raconter.

Ce noble et sublime Avalokiteshvara est l'expression naturelle de la compassion de tous les Vainqueurs. Il y a fort longtemps, autant de kalpas que de grains de sable dans le lit du Gange, apparut en ce monde même un grand kalpa connu sous le nom de Graha. Au cours de cette période, vécut un monarque universel appelé Aranemi qui engendra mille fils. Le fils aîné, qui se nommait Animisha, conçut pour la première fois l'attitude éveillée de bodhichitta en présence du tathagata Ratnagarbha.

Un jour, songeant avec une grande compassion à tous les êtres dans les six états de renaissance, il fit ce vœu particulier: “Puissent les êtres qui sont privés de soutien, accablés de tourments, pris dans l'engrenage des causes et des effets, être aussitôt libérés de leurs souffrances en m'évoquant et en récitant mon nom. Puissé-je ne pas atteindre l'Eveil ultime avant d'avoir mis fin à la souffrance.”

Quand il eut achevé sa profonde et vaste activité, il porta le nom d'Avalokiteshvara, un bodhisattva grand et courageux. Il fut prophétisé qu'à l'avenir, en tant que régent du sublime Vainqueur Amitabha en Sukhavati-padmapradesha[25], il atteindrait l'Eveil sous la forme du tathagata Rashmisamudra-shrikutaraja et accomplirait de plus grands bienfaits pour les êtres. Conformément à ce vœu de prophétie, il accomplit encore plus résolument le bien des êtres des six classes en général et de ceux du Tibet, le Pays des Neiges, en particulier. Comme il est dit dans le *Soutra du Lotus Blanc du Dharma Sacré*[26]:

> Le bodhisattva Akshayamati s'adressa au Vainqueur, le Bouddha très parfait, le Bienheureux, demandant: "Bienheureux, pourquoi s'appelle-t-il Avalokiteshvara?"
>
> Le Bienheureux répondit: "Rien qu'en entendant le nom d'Avalokiteshvara, un nombre incalculable d'êtres en proie à la souffrance seront totalement libérés du fardeau de leur insoutenable souffrance. Toutes les fois que les êtres seront menacés par le feu, l'eau, le poison, les armes, les cannibales, les gobelins yaksha malfaisants, les démons, l'emprisonnement, les voleurs, les brigands et ainsi de suite, ils seront sauvés. Ils seront libérés des cinq poisons des émotions négatives et de toutes les formes de mal. S'ils se prosternent simplement devant lui avec une totale confiance, tous leurs objectifs seront spontanément atteints."

Le *Noble Soutra de la Disposition des Urnes* déclare[27]:

> Le bodhisattva Nivaranavishkambhin demanda à quoi ressemblait le puissant rayonnement des merveilleux pouvoirs miraculeux du bodhisattva de grande compassion.
>
> De la bouche même du Tathagata vint cette réponse: "La compassion d'Avalokiteshvara amène les êtres qui sont

dans les royaumes des enfers au complet épanouissement spirituel. Sous la forme d'un monarque universel résidant en toute quiétude dans un charmant bocage de la cité des prétas, il dispense aux êtres tourmentés par le feu une apaisante fraîcheur et il transforme tous les gouffres de feu en bassins aux lotus.

"En dispersant les gardiens des enfers et en semant parmi eux la discorde, il contraint le seigneur de la mort, Dharmaraja, à se prosterner devant lui et à lui rendre hommage maintes et maintes fois. Il rafraîchit également la cité des prétas et dissipe les nuages de grêle vajra.

"Les gardiens de trésors[28], en outre, voient leurs manières frustres s'affiner et se retrouvent habités par la bodhichitta. Dix grands fleuves s'écoulent des dix doigts de ses mains et quarante grands fleuves de ses dix orteils. Des pores de cet être au cœur débordant d'amour, s'écoule de la rosée qui se répand sur les prétas. En la goûtant seulement, leurs gorges s'apaisent, leurs corps reprennent forme, et ils assouvissent leur faim avec les nourritures des dieux, mets aux cent saveurs. La vertu des pratiquants du dharma qui résident sur la terre permet aux prétas de jouir pleinement du dharma et fait s'élever dans leur royaume le son du dharma du mahayana. Les vingt hautes montagnes des vues nihilistes sont alors pulvérisées par le vajra de la conscience primordiale, tandis que ces prétas renaissent dans le Royaume de Félicité où ils deviennent des bodhisattvas conformément à leurs vœux et parviennent à la maturité.

"Il mène de cette manière chaque jour au complet épanouissement spirituel des myriades d'êtres. Telle est l'assurance d'Avalokiteshvara, dont même les tathagatas sont dépourvus."

Durant les six quarts du jour et de la nuit, Avalokiteshvara se manifeste, à l'intention de ceux qui doivent être guidés et selon leurs constitutions, aptitudes et motivations individuelles, sous la forme de bouddhas, bodhisattvas, *shravakas*, *pratyekabouddhas*, dieux, musiciens célestes, gobelins yaksha, Ishvara, Maheshvara, monarques universels, démons assoiffés de sang, êtres dotés de corps sublimes, brahmanes, ainsi que sous la forme de Vajrapani, et il enseigne le dharma[29].

De plus, prononcer son nom ne serait-ce qu'une seule fois revient à évoquer les noms de bouddhas aussi nombreux que les grains de sable formant le lit du Gange. De même, élever une statue d'Avalokiteshvara revient à ériger des effigies de tous les bouddhas et bodhisattvas qui sont apparus, qui apparaissent et qui apparaîtront dans les trois temps. C'est un plus grand mérite de méditer pendant une seule journée sur la forme du noble Avalokiteshvara que de s'engager dans les six perfections pendant cent ans. Telles sont quelques-unes des qualités inconcevables du bodhisattva.

Quant aux bienfaits et avantages de réciter la *dharani*[30] de la forme d'Avalokiteshvara aux onze visages, il est dit qu'on acquerra finalement la complète maîtrise de quatre qualités positives: au moment de la mort, on percevra les tathagatas; on ne reprendra pas naissance dans les états inférieurs d'existence; on n'abordera pas la mort en étant incapable d'en éviter les affres; et, après avoir quitté ce monde, on renaîtra dans le Royaume de Félicité.

Tous les soutras de l'enseignement du Bouddha sont condensés dans les six syllabes du mani; toutes les maladies, les influences malveillantes et les obstacles sont dissipés; on acquiert d'innombrables qualités positives telles qu'une longue vie et la délivrance des maladies; les souffrances des six classes d'existence sont apaisées; les six perfections sont parachevées; et les corps des six Vainqueurs sont réalisées. Bref, le simple fait de voir ces six syllabes, de les entendre, d'y penser ou de les toucher sème une graine d'Eveil. Tous les voiles sont aussitôt purifiés et les états d'existence inférieurs évités. En traversant une succession de nobles renaissances dans les royaumes supérieurs, on s'ouvre rapidement à l'Eveil ultime.

En n'accomplissant qu'une seule fois le rituel de jeûne du Grand Compatissant, on supprime quarante mille kalpas d'errance dans le cycle des existences et l'on purifie tout le karma et tous les voiles dus à des actions telles que les cinq actes qui entraînent un châtiment immédiat[31]. En développant la quintessence de toutes les qualités positives des six perfections, on parvient à rester au niveau d'un bodhisattva qui jamais ne rechutera. Les femmes, également, qui accomplissent ce rituel de jeûne ne serait-ce qu'une fois, obtiendront, après leur mort, une renaissance comme bodhisattvas de degrés de réalisation élevés et tourneront le dos à l'existence cyclique. L'engagement physique dans la pratique du jeûne purifie des voiles du corps et nous évite de renaître comme préta. Se retenir de parler en raison du vœu de silence purifie les voiles de la parole et nous évite de renaître comme animal. Réciter mentalement la dharani purifie les voiles de l'esprit et ferme la porte à une renaissance dans les royaumes infernaux. Ainsi, en appliquant ces trois méthodes pour maintenir le corps, la parole et l'esprit dans une constante vigilance, on est rapidement libéré du cycle des existences.

Servir un plat de céréales chaudes à des pratiquants le matin où ils rompent le jeûne du rituel équivaut à servir un bodhisattva du huitième degré de réalisation; servir quelqu'un qui a simplement pris les vœux temporaires équivaut à servir un *arhat*[32].

Celui qui parraine un de ces rituels de jeûne ne renaîtra pas dans les trois royaumes d'existence inférieurs, mais sera enclin à la bodhichitta, héritera d'une fortune inépuisable dans toutes ses renaissances, parachèvera la perfection de générosité et atteindra rapidement l'Eveil.

Vu, entre autres, ces inconcevables bienfaits et avantages, dans la recherche parfaitement pure de la vertu, réjouissez-vous et ne ménagez pas vos efforts, jour et nuit, sans distraction, motivés par un altruisme, une foi et une dévotion intenses et résolus.

Si vous passez le restant de vos jours de manière positive, vous assurerez votre propre bien-être et celui d'autrui. Ce fait est corroboré par l'authentique parole des Vainqueurs, l'expérience de tous les grands êtres d'un niveau spirituel supérieur, ainsi que par la preuve directe qu'apporte notre propre conscience intrinsèque, et mérite que vous poursuiviez votre pratique avec ardeur.

En ne faisant pas un mauvais départ, vous serez libérés de l'angoisse de la renaissance et de la mort; si ce n'est le cas, vous acquerrez la confiance nécessaire pour affronter la mort l'esprit joyeux; tout au moins, vous mourrez sans crainte ni regrets.

Je joins les mains et prie du fond du cœur afin que vous soyez tous capables d'agir de la sorte. Encore et toujours, je vous exhorte à libérer votre esprit de l'indécision et à rester honnêtes dans cette démarche significative.

Bonne fortune, bonne fortune, bonne fortune!

- 4 -

YOULOKEU

LE ROYAUME PUR DE TARA

Je me prosterne devant Avalokiteshvara.

M'inclinant aux pieds de lotus de celui
Qui porte sur les êtres un regard de compassion,
Je ferai la louange de cette divinité extraordinaire
Afin de parachever les deux accumulations[1].

Devant vous, Tara, divinité d'entre les divinités, source
De tous les accomplissements spirituels sans exception,
je me prosterne.
Tel un précieux joyau qui exauce les souhaits,
Vous accordez la réalisation de tous nos désirs.

Les êtres qui souhaitent voir vraiment
Dans leur esprit le royaume pur de Tara
Jouiront des rayons rafraîchissants de la vision pure
Dans l'abri apaisant du lotus épanoui de la foi.

En revenant du Mont Potala[2], je m'élevai vers la gauche et, guidée par Tara Blanche, j'arrivai dans une région où toute la campagne verdoyante à perte de vue était d'une beauté et d'une clarté lumineuses, une merveilleuse contrée aux multiples caractéristiques remarquables. Des pavillons de lumière des cinq couleurs de l'arc-en-ciel flottaient dans le ciel. Partout poussaient de nombreuses variétés de fleurs et de lotus. Ici, la notion d'été ou d'hiver n'existait pas. Des petits carillons et des clochettes étaient suspendus aux larges frondaisons des arbres qui exaucent les souhaits. Quand le vent les agitait, ils faisaient retentir les paroles de l'enseignement du Bouddha en langue sanskrite, comme NAMO ARYA TARÉ MAM[3]. Des oiseaux, émanations de la Noble Dame — moineaux, canards, paons, grues, perroquets, coqs de bruyère, coucous et cygnes — s'ébattaient alentour. Le pays débordait de richesses et de prospérité dans des proportions inimaginables. Les montagnes elles-mêmes étaient en or, en argent, en turquoise et en pierres précieuses. De toutes parts se trouvaient des bassins de nectar aux huit qualités[4] et des bains construits de gemmes et élégamment aménagés.

Dans ce royaume, les concepts de naissance, de vieillissement, de maladie et de mort n'existaient pas. Tous les habitants étaient nés miraculeusement de cœurs de lotus. Dans aucune vie future ils n'entendraient de son déplaisant ou discordant. Ceux qui y demeuraient étaient des bodhisattvas masculins et féminins ayant atteint de hauts niveaux de réalisation. Ce lieu dépassait les limites de l'imagination; sa superficie n'était pas mesurable. Il contenait des milliers de palais incommensurables constitués des cinq substances précieuses[5].

En un instant, j'avais atteint le portail du palais central — un vaste palais céleste d'apparence magique et merveilleuse, ayant le pouvoir de libérer les êtres de quatre manières[6]. Au moment même où j'y pénétrai, je sortis du profond sommeil de la conscience rationnelle ordinaire et je fus libérée des voiles de l'ignorance. La vision intérieure de ma conscience primordiale s'élargit et je fus envahie par un débordement d'amour et de compassion.

Alors que je franchissais la porte ouest, je rencontrai Guhyadevi, la Déesse des Secrets, qui sembla tout-à-fait ravie de me voir. Poursuivant mon chemin, j'arrivai dans une cour où plusieurs milliers de déesses, habillées de vert, chantaient en langue sanskrite les louanges aux vingt-et-une formes de Tara. De temps en temps, elles se servaient de petites cymbales digitales, de tambourins en or et de tambours faits de bois de santal, d'ébène, de bois "cœur de serpent[7]" et de quatre sortes de duramen, ainsi que de cymbales, de gongs et de flûtes. Elles accompagnaient souvent leur chant de musique exécutée avec cette incroyable variété d'instruments. En les entendant, je ressentis un inimaginable sentiment de dévotion; je fis mentalement des offrandes et récitai avec ferveur les louanges aux vingt-et-une formes de Tara.

༄༅ । J'entrai dans une petite maison, où je trouvai une déesse. Avec sa chevelure blanche torsadée en forme de conque, elle paraissait très âgée, mais sa dentition était intacte et son teint aussi éclatant que celui d'une jeune femme dans la fleur de l'âge. Cette déesse d'une noblesse exceptionnelle était assise, entourée d'un vaste cortège. Elle portait le nom secret de Gauri Girtima, mais elle était très connue sous son vrai nom, Ayurdevi, la Déesse de Longue Vie[8]. Je fis des prosternations et des circumambulations, des offrandes de mandala et des prières à sept branches, ainsi que des suppliques et des prières de souhaits.

Elle dit: "Que vois-je, ma fille? Comme tu es fortunée d'être arrivée en ma présence! C'est merveilleux! Quelle connexion karmique explique ta venue ici? Je suis une héroïne dont les qualités sont cachées. Par la grâce de cette sublime divinité, la vénérée Tara, je détiens le pouvoir sur la vie vajra immortelle."

Elle posa ses mains sur ma tête et me manifesta une grande joie, tout en récitant:

Que l'on se prosterne devant celle qui a l'éclat d'un rubis,
Dans le plein épanouissement de la jeunesse
des seize joies[9].
Ayant remporté la victoire sur les forces discordantes
des maras,
Elle accorde l'accomplissement de la vie immortelle.

Elle ajouta: "En Inde et au Tibet, il n'y a pas même de représentation de mon image. Bien qu'une infinité de yogis et de yoginis, par la grâce de Tara, visitent ce royaume en réalité, à travers des visions et en rêve, aucun d'entre eux n'a obtenu d'audience avec moi." Ses paroles me ravirent.

Je continuai jusqu'au palais central incommensurable. A l'intérieur, je vis que les murs aux cinq épaisseurs étaient constitués de nacre, d'or, de corail, d'émeraude et de saphir, et qu'ils étaient tous surmontés d'une frise de rubis. Les piliers et les colonnes étaient en nacre rouge, les poutres maîtresses du toit en cristal de roche, et les chevrons en joyaux qui exaucent tous nos souhaits. Partout de grandes fenêtres et des lucarnes avaient été aménagées pour éclairer l'intérieur. Surplombant une corniche en or, un fronton de corail soutenait une voûte en turquoise de couleur bleu vert. Dans les quatre directions, des gargouilles à tête de makara tenaient dans leur bouche des chaînes et des guirlandes de perles blanches, jaunes, rouges et vertes, entremêlées de minuscules carillons dorés qui produisaient des sons ravissants. Une musique mélodieuse capable de dissiper la souffrance des êtres des royaumes inférieurs résonnait. Tout autour flottaient les senteurs parfumées de l'encens des sentiments incommensurables[10]. Il y avait de superbes étalages d'offrandes d'une beauté inimaginable.

Au centre du palais, assise sur un lotus multicolore à mille pétales recouvert d'un disque de lune, se trouvait l'unique refuge, la personnification même de la compassion, la mère sublime de tous les Vainqueurs des trois temps, la sœur des bodhisattvas, celle que vénèrent tout autant les êtres qui demeurent dans le monde humain que ceux qui vivent dans les cieux en effleurant du sommet de leur tête la plante de ses pieds: la déesse qui est apparue des larmes du Noble Souverain[11], la noble Tara en personne.

Son corps était vert bleuté, d'une luminosité plus intense qu'une montagne de turquoise sous les feux de mille soleils. Une infinité de rayons de lumière irradiait de son corps, orné des marques de perfection majeures et mineures. Son apparence était celle d'une jeune fille de seize ans, drapée de vêtements en soie des dieux et paré d'ornements en joyaux qui accomplissent les souhaits d'une valeur inestimable. La moitié de sa chevelure noire et lustrée comme du jais était relevée en chignon et le reste de ses cheveux, entrelacés de rubans de soie bleu-vert flottant dans la brise, ondoyait sur ses épaules. De la main gauche, accomplissant le geste symbolique des Trois Joyaux[12], elle tenait la tige d'un lys vert dont les pétales s'épanouissaient près de son oreille. De sa main droite qui faisait le geste d'accorder refuge[13], elle protégeait les êtres des peurs infinies de ce monde de l'existence cyclique plongé dans l'erreur. Ses jambes étaient à demi-croisées dans la posture d'un bodhisattva féminin.

De nombreux nobles bodhisattvas féminins faisaient des circumambulations autour d'elle, en sens inverse des aiguilles d'une montre. Le disciple Suryagupta se tenait à sa droite, le bodhisattva Dawa Gyaltsèn derrière elle, le poète Chandragomin à sa gauche et le seigneur Dipamkara devant elle[14]. En tout, il y avait plusieurs milliers de personnages importants avec leur entourage et une nuée inimaginable de centaines de milliers de formes de Tara, y compris Tara au Tonitruant Rugissement de Dragon, Tara au Suprême Pouvoir, Tara à l'Accomplissement Spontané, Tara Sans Peur, Tara aux Rayons de Lumière, Tara qui Dompte les Etres, Tara de Zang-yun[15], Tara de l'Inconcevable, Tara aux Moyens Habiles, Tara de l'Eveil, Tara du Tibet Central et Tara de Chine. Je les percevais distinctement, mais leurs corps n'étaient pas des agrégats de chair et de sang ayant une existence propre. Il s'agissait plutôt de formes illusoires de la conscience primordiale, une féerie magique se manifestant d'une myriade de manières. Je les vis dans tout leur éclat scintillant, comme le reflet des étoiles et des planètes sur le vaste océan.

A ce moment, ma saisie de la réalité ordinaire cessa spontanément. Pendant un bref instant, j'éprouvai l'indicible et inconcevable sentiment d'un ordre cosmique infini, un vaste panorama de pureté, sans aucune entrave, dont rien ne pouvait être saisi comme ultimement réel. Je me prosternai à plusieurs reprises, dans un état de foi et de joie pure. M'approchant de la vénérable déesse, j'offris des mandalas de l'univers ainsi que des prières à sept branches. Avec une intense aspiration, je priai les trois divinités protectrices du Pays des Neiges[16]. Posant ses pieds sur le sommet de ma tête, je récitai ce chant sur un ton de lamentation:

> Hélas, hélas, mère compatissante des Vainqueurs!
> Votre fille bien-aimée erre dans le désert de l'existence
> cyclique,
> Attaquée par les voleurs et les brigands
> de quatre-vingt mille sortes de pensées.
> Elle est sur le point de perdre son plus beau trésor

de parfaite vertu.
Tara, noble dame, prenez-la sous votre compassion.

Alors que les signes de ces temps dégénérés se déchaînent
autour de nous,
Les enseignements du Vainqueur sont comme un soleil
se dirigeant vers la demeure du dieu de l'eau[17].
Les multitudes d'amis spirituels qui maintiennent
les enseignements sont partis pour un royaume de paix.
Les enseignements des soutras et des tantras sont éclipsés
par les nuages des préjugés sectaires.
Tara, noble dame, prenez-nous sous votre compassion.

Les nombreuses créatures ne peuvent trouver le repos.
Souffrant sans répit de la maladie du karma
et des facteurs perturbateurs,
Elles subissent les conséquences d'une détresse
et d'une douleur insupportables.
Elles mettront longtemps à parvenir au pays
de l'omniscience et de la libération.
Tara, noble dame, prenez-les sous votre compassion.

Les couleurs des esprits du mal se détachent sur le ciel.
La bannière de victoire des pratiquants du dharma
perd son éclat.
Alors que le monde est plein de charlatans spirituels,
De peur que des êtres vivants ne soient entraînés
sur des voies perverties
Tara, noble dame, prenez-les sous votre compassion.

Les hordes de barbares et de tribus des régions
limitrophes sonnent le glas des enseignements.
Des combats sont livrés sans cesse contre

les cinq forces du mal[18].
Les armées destructrices des maras sont prêtes à envahir.
Si vous ne nous en protégez pas, à qui allez-vous montrer
votre sagesse et votre pouvoir?
Tara, noble dame, prenez-nous sous votre compassion.

Je prononçai maintes autres prières, l'esprit rempli de ferveur. La noble déesse, posant sur ma tête sa main droite, qui portait clairement la marque excellente de la roue qui accomplit les souhaits[19], répondit:

Ecoute, Chandra Tara[20], ô charmante jeune fille.
Autrefois, dans le plus reculé des plus reculés kalpas,
lorsque j'engendrai l'excellente bodhichitta,
Il n'y avait personne qui aspirait à l'état de bouddha
dans un corps de femme.
C'est pourquoi je conçus l'aspiration suivante:

"J'apparaîtrai sous des apparences féminines;
Je mènerai cet océan d'êtres à l'Eveil suprême.
Dès qu'ils évoqueront ne serait-ce que mon nom,
En présence des huit sortes de peur[21], ils seront rassurés
Et l'abîme du cycle des existences sera drainé
dans toutes ses profondeurs.
Jusqu'à ce que je les aie conduits au parfait état de bouddha,
Puissé-je moi-même ne jamais y parvenir."

Par ces aspirations et cent mille autres,
Je fis mes promesses et pris mes engagements.
Dans ce royaume, bien qu'étant primordialement bouddha,
J'ai néanmoins montré comment parfaire
l'état de bouddha.
Grande est ma compassion à l'égard de tous les êtres;

Prompte est mon activité pour les habitants du Tibet
en particulier.
C'est pourquoi, gens avisés et fortunés,
Conformez-vous rigoureusement à cette injonction
de la noble déesse, comme suit:

En cet âge des cinq dégénérescences[22],
où ne subsistent que des traces des enseignements,
Où les invasions barbares vont bientôt mettre fin à tout,
Ce noble support[23], qui offre la possibilité de pratiquer,
est menacé par le tribut de l'impermanence.
Si la confusion est en vous sur les causes et les effets,
consultez soutras et tantras afin de susciter le bonheur
et d'éliminer la souffrance[24].
Biens et richesses, amis et proches, père et mère
ne sont pas un refuge.
Qu'est-ce qui vous accordera refuge? Les Trois Joyaux
infaillibles.

Surtout, à maintes et maintes reprises durant les six quarts
du jour et de la nuit,
Priez les trois divinités protectrices du Pays des Neiges.
Amitabha dans le Royaume de Félicité,
Le noble Avalokiteshvara dans le royaume de Potala,
Gourou Theu Thrèng Tsel dans le sous-continent
de Chamara,
La noble Tara dans le royaume de Youlokeu,
Et les gourous racines qui sont l'essence de l'union
de tous ceux-ci,
Identiques dans leur nature essentielle, distincts
simplement en apparence,
Sans séparation ou division, dans un état primordial,

ils ne font qu'un avec votre propre conscience
intrinsèque,
Au-delà de l'union au sens ordinaire de ce qui rassemble
et de ce qui disperse.

Dirigez toujours votre attention sur la vertu.
Ne gaspillez pas cette vie humaine dans la distraction,
Ne pratiquez pas le dharma uniquement en paroles,
Mais sincèrement du fond du cœur;
Placez votre confiance dans la foi, la vue pure,
la compassion, la bodhichitta,
L'effort, la sagesse, la concentration, la vigilance
et la maîtrise de soi.
Si les trois phases de préparation, pratique principale et
conclusion sont accomplies, le fruit viendra à maturité.

Notamment, puisque les mantras racines des trois
divinités de grande compassion
— le mani, le siddhi et le mantra de Tara —
Ou même un seul rituel de jeûne de nyoung-né accompli
par vous ou d'autres
Supprimeront les conséquences de quarante mille kalpas
d'actes nuisibles et de manquements à vos vœux,
Qu'est-il besoin de parler des bienfaits et des avantages
d'une pratique régulière?

Par conséquent, adoptez une conduite conforme
à la morale, sans commettre d'erreurs sur la loi
des causes et des effets.
Gens fortunés qui êtes à même de prier,
Vous ne rencontrerez assurément ni épreuves ni fatigue
Lorsque, sans hésitation après la mort, vous arriverez
au royaume pur de Youlokeu.

Je fais le serment de venir vous accueillir.
Mes émanations, sous la forme d'amis spirituels
ordinaires,
D'hommes et de femmes, d'animaux, d'oiseaux et autres,
Sous toute apparence que ce soit seront des guides
et prendront soin d'autrui.
Puisqu'il y en a un nombre infini,
Ayez confiance, développez la vue pure et faites
des prières et des souhaits.

Ses paroles m'inspirèrent une foi et une joie incommensurables et je ne cessai de prier afin de recevoir les quatre initiations[25]. Lorsque je me séparai de Tara, ma douleur fut plus déchirante que celle des dieux déchus de leur plénitude. La divinité me dit cependant: "Ne sois pas triste au fond de ton cœur! Dans aucune vie nous ne serons séparées. Je te donne le nom de Rigdzin Dreulma, Tara qui Détient la Conscience Intrinsèque. En outre, une déesse, émanation de l'énergie de mon activité, sera constamment à tes côtés tout au long des six quarts du jour et de la nuit, comme une personne qui s'entretient avec une autre."

Poursuivant mon chemin, j'arrivai dans une petite chambre où je rencontrai le répa Dampa Gyagar, au corps robuste et aux cheveux blancs un peu clairsemés. Il avait quatre fils et quatre filles. La plus jeune fille, qui s'appelait Chang Trama, me dit: "C'est bien que tu sois venue me voir", et elle se mit à danser et à chanter de manière exquise pour Tara. Elle se montra très affectueuse à mon égard. Son père, assis tout près, tenait un vase de longue vie et riait tout bas. Lorsque je lui demandai de réciter une prière pour moi, il se remit à rire, le regard fixe, en se concentrant un moment.

Je quittai le palais par la porte de l'ouest. Je me baignai dans un bassin et bus du nectar de vie immortelle. (La description de tout ce que j'y ai vu et de toutes les personnes que j'y ai rencontrées remplirait certainement plusieurs volumes, mais je suis incapable de tout mettre par écrit.)

Non loin de là, je me trouvai près d'un arbre *karandatava,* dont les racines étaient faites d'or, le tronc d'argent, les branches de saphir, les feuilles d'ambre, les fleurs de rubis et les fruits de diamants. C'était un arbre qui exauce les souhaits et il semblait recouvrir la terre. Des bannières de soies multicolores ainsi que des rangées et des guirlandes de perles auxquelles étaient attachés des carillons dorés qui tintaient y étaient suspendues. Le roi des oiseaux — un oiseau *masar*, bien qu'il portât un nom différent, *karantava* — était perché à la cime de cet arbre. Son corps était constitué de sept sortes de joyaux précieux et une huppe ciselée dans une gemme *sarvaphala* couronnait sa tête. Son plumage surpassait en splendeur celui d'un paon et il criait en sanskrit: *Sarva buddhaye eka potala yana duhkashantim siddhiphala hoh*, ce qui peut être traduit par: "Pour atteindre rien moins que l'état de bouddha, qui est parfait à tous égards, va dans le royaume du Potala. Puissent les êtres dans les six états de l'existence cyclique être libérés de la souffrance et puissent d'excellents accomplissements spirituels être accordés."

Un vieil homme à la tête chenue, une hache à la main, était assis au pied de cet arbre; il s'appelait Arthachandra, Lune qui Réalise les Objectifs. Alors que je me reposais là et que je mangeais des fruits de l'arbre, l'homme dit à voix haute: "Le garçon envoyé par Avalokiteshvara, qui porte le nom de Karmasarvamangala, a surgi des racines du karandatava."

Sur ce, des volées d'oiseaux se mirent à pousser des cris stridents: "Hélas!" Ils battaient des ailes tandis que des larmes coulaient de leurs yeux. Leur roi s'écria:

N'abattez pas l'arbre karandatava!
L'oiseau karantava tombera à terre.
O homme, puisses-tu vivre longtemps et à l'abri
des maladies.
Moi, l'oiseau, j'irai au Potala.

Je vis tour à tour des scènes de l'homme qui abattait l'arbre et de l'oiseau qui tombait. J'eus de nombreuses visions sibyllines de ce genre. Puis, un pratiquant laïque, béni par le noble Avalokiteshvara, apparut et me regarda réciter les louanges aux vingt-et-une formes de Tara. Au bout d'un moment il dit: "Voici les bienfaits d'une telle récitation":

Tous ceux qui gardent à l'esprit cette prière d'hommage
Extirperont toutes fautes et imperfections sans exception,
Développeront les qualités positives comme la lune
qui croît,
Et par mille bouddhas seront bénis.
Combien merveilleux est ce suprême hommage;
En l'évoquant simplement une seule fois,
Sans aucun doute on renaîtra
Dans le très excellent et sacré Royaume de Félicité.

Il décrivit également les bienfaits ordinaires et transcendants tels qu'ils sont expliqués dans les sources traditionnelles.

༄༅ | Ensuite apparut à cet endroit une personne qui, dans des vies antérieures, avait eu des liens de samaya avec

Vajradhara et Gourou Padmasambhava et qui était gardienne de trésors spirituels cachés du vaste et profond enseignement du Bouddha. Plus tard, elle avait été l'épouse spirituelle de Mila Shépa Dorjé (l'ornement unique de la lignée de pratique dans le Pays des Neiges) lorsqu'il demeurait dans la région du mont Everest et de Choubar, et qu'il avait alors fait passer son énergie subtile et sa conscience dans son canal central[26]. Finalement, elle avait été la divinité protectrice personnelle du sublime tulkou Jigmé Do-ngag Tènzin (un détenteur vajra de la conscience intrinsèque) et de Déchèn Dorjé[27] (un joyau de la couronne parmi des centaines de disciples spirituels), dissipant les obstacles à leur longue vie et orientant l'accroissement de leurs activités vers le bien des êtres de manière impartiale. On la connaît généralement sous le nom de Tashi Tséringma, reine des déesses de médecine; depuis le centre de méditation de mon précieux maître, elle s'écria par trois fois: "Toi, jeune fille, Dawa Dreulma! Reviens dans le royaume humain!"

Quand j'entendis résonner sa voix claire, je me mis à penser à mon précieux oncle, à mes compagnons et à mes proches, à mes parents restés dans la région de Throm. Mon esprit fut submergé d'une nostalgie toute particulière et je songeai à rentrer. Et ainsi, accompagnée de Tara Blanche, je revins en un instant. Cinq jours complets (c'est-à-dire, dix périodes de douze heures de jour et de nuit) s'étaient écoulés dans le royaume humain. Au moment où ma conscience réintégra mon corps physique, j'éternuai violemment. Tout d'abord, je me sentis totalement désorientée, comme si je venais juste de sortir du sommeil, mais bientôt je fus emplie de foi et de joie en raison des visions des royaumes purs, et d'horreur à cause des visions karmiques des enfers[28].

Oncle Troungpa[29], une flèche de longue vie enrubannée à la main, se tenait devant moi, me dévisageant de ses yeux injectés de sang. Je fus incapable de prononcer un mot, comme si j'étais un peu intimidée. On me purifia rituellement avec la pluie médicinale des sages éclairés[30] et avec de l'eau utilisée lors de la pratique méditative de la déesse protectrice Vijaya.

Tout le monde était excité et en larmes, disant des choses comme: "N'était-ce pas difficile? Tu dois avoir faim! Tu dois avoir soif!" Dans leur empressement, ils me renversaient presque nourriture et boisson sur la tête. J'avais beau protester: "Je ne suis pas du tout incommodée par la faim ou la soif", ils ne me croyaient pas et insistaient: "Mange! Bois!" Tous éprouvaient une joie immense, pareille à celle d'une chamelle qui retrouve son chamelon égaré, et ils prirent part à un festin de célébration.

Puis, je me reposai un ou deux jours, durant lesquels mes récits des royaumes purs du Potala et de Youlokeu ainsi que des royaumes des enfers furent consignés sans falsification ni interpolation par Gyazour Tulkou.

Le corps, la parole et l'esprit secrets de tous les
  Vainqueurs en nombre infini
Sont réunis de manière inséparable en Tara,
  mère des Vainqueurs.
A l'instant même où le trait pénétrant de sa compassion
  frappe mon cœur
Il dissipe toutes les ténèbres de mon esprit.
Après que les royaumes purs, en raison de mes aspirations
  antérieures,
Furent vraiment apparus clairement dans le miroir
  de mon cœur,
Ce récit beau et exact, exempt d'exagération

et de dépréciation,
Non altéré par les démons du sectarisme
ou de la jalousie,
A vu le jour uniquement par la grâce de mes lamas.
Ainsi, si nous honorons avec dévotion ces êtres saints,
Amis spirituels qui nous montrent la voie juste,
Au cours de toutes nos vies ils nous accorderont
leurs bénédictions.

Sarva mangalam — que les circonstances soient propices!
Bonne fortune, bonne fortune, bonne fortune!
Que resplendissent les bons présages et que le monde
soit orné.
Jayantu — que vienne la victoire!

- 5 -

L' ESCALIER VERS LA LIBERATION

RÉSUMÉ DES EFFETS DE LA VERTU ET DU MAL

HRI - Non fabriqué et libre de toute élaboration est le lama dharmakaya;
La jouissance suprême et bienheureuse de la richesse d'être — sambhogakaya — est le lama, seigneur du dharma;
Né sur un lotus à longue tige est le lama nirmanakaya[1]:
Je rends hommage au détenteur vajra des trois kayas.

Divinité au corps blanc que n'entache nul défaut,
Votre tête ornée d'un Bouddha parfaitement éveillé,
Sur les êtres ordinaires vous portez un regard de compassion innée:
Je rends hommage à Avalokiteshvara[2].
Refuge qui donnez naissance à tous les Vainqueurs et domaine dans lequel ils révèlent leur manifestation[3],
Mère, vénérée Tara, à vos pieds de lotus,
Jusqu'à ce que j'atteigne l'Eveil
Je prendrai refuge avec dévotion, plaçant totalement ma confiance en vous.

Après avoir été mise au monde par ma mère bienveillante, moi, Dawa Dreulma, fille de la famille Tromgué, par compassion j'ai agi avec bonté envers tous les êtres misérables. Au cours de ma quinzième année, je fus affligée d'une maladie; la mère, Tara Blanche, m'inspira et apaisa complètement mes douleurs avec un remède qui me sauva de la mort. Durant dix périodes de jours et de nuits[4], je m'abstins de manger et fis l'expérience de visions prophétiques qui m'incitèrent à rechercher la vertu. Lorsque les apparences de cette vie et la conscience que j'en avais eurent cessé, quatre dakinis devinrent mes compagnes et m'installèrent sur une litière recouverte de soie. En peu de temps nous voyageâmes à travers l'étroit passage du bardo. J'eus de terrifiantes visions, fugitives et imprécises; je vis également plusieurs saints maîtres qui conduisaient des êtres hors de cet état et je m'entretins avec eux, l'esprit tout à la fois confiant en leur compassion et désillusionné quant au cycle des existences.

OM MANI PADMÉ HOUNG.

༄ ། Le royaume du Mont Glorieux est en forme de cœur. Au milieu d'une cité de dakinis située sur un de ses versants imposants, au centre d'un incommensurable palais transparent à plusieurs étages, je rencontrai le glorieux Orgyèn et son cortège d'émanations, le roi du Tibet et ses sujets[5]. Avec confiance et une puissante aspiration, je me prosternai et l'implorai de m'accorder refuge. Il me conféra des initiations spécifiques et des bénédictions, l'esprit débordant d'affection compatissante et dit: “N'oublie pas de quelle manière la vision des six classes d'êtres se manifeste à toi; retourne dans le royaume humain afin de conjurer les gens de s'exercer à la vertu.” Des multitudes de dakas et de yoginis ainsi que la mère Tsogyal, dakini de conscience primordiale, me firent l'honneur de m'escorter sur une centaine de pas. Leur cœur fut touché par mes nobles prières d'aspiration.

Avec Tara, ma gardienne protectrice, pour m'inspirer, je traversai le long et étroit défilé du bardo. Là, j'eus des impressions fugaces et vagues de divers êtres décédés (que je connaissais ou non) tournoyant ensemble en tous sens. M'appelant avec des cris de détresse, ces malheureux me confièrent de nombreux messages désespérés pour que je les rapporte dans le monde des vivants qu'ils avaient laissé derrière eux. Ils suppliaient: "Par affection et par compassion pour nous, s'il te plaît, transmets nos messages." Tout en m'étreignant les mains, ils versaient des torrents de larmes. Incapable de supporter cela, je récitai à plusieurs reprises le mani.

OM MANI PADMÉ HOUNG.

Alors que je voyageais à travers l'après-monde des morts, je vis combien c'était douloureux pour ceux qui n'avaient pas le réconfort de l'enseignement du Bouddha. Une pluie sanglante d'armes s'abattait du ciel et l'espace environnant était ébranlé par un grondement assourdissant pareil au rugissement de mille dragons, alors que par terre de redoutables habitants des enfers brandissaient des armes cruelles aux cris de: "Tuez, tuez! Frappez, frappez!" D'épaisses ténèbres de détresse enveloppaient cette région.

OM MANI PADMÉ HOUNG.

Ceux qui avaient pratiqué l'enseignement du Bouddha étaient heureux et contents dans le bardo. Pour eux, le ciel était rempli de centaines d'arcs-en-ciel et une douce pluie de nectar tombait, tandis que dans toutes les directions des dakas et des dakinis chantaient, dansaient et jouaient des instruments de musique, présentant des nuées d'offrandes et conduisant ces êtres sur le chemin de la suprême félicité de la libération. Pour eux se levait une aube de bonheur.

OM MANI PADMÉ HOUNG.

Vous qui êtes dans le monde des vivants, même si vous avez acquis de quoi vous vêtir pendant cent ans, vous partirez nus le matin de votre mort; il est donc préférable de porter des habits usés tout en pratiquant la vertu. Même si vous avez amassé d'importantes réserves de vivres, vous partirez le ventre creux le matin de votre mort; il est donc préférable de donner ne serait-ce que vos restes. Même si vous avez accumulé des biens tout au long de votre vie, vous partirez les mains vides le matin de votre mort; il est donc préférable de faire des provisions pour votre voyage dans les prochaines vies. Ce matin-là, lorsque le sombre lasso du seigneur de la mort vous enserrera et que ce sera pour vous le moment de partir sans recours, votre père et votre mère ne seront pas là pour vous secourir, vos proches et vos amis affectueux ne seront pas là pour vous protéger. Vous verrez qu'ils ne sont que les objets de vos souvenirs de bonheur et de joie, qu'ils n'ont pas d'essence propre. Libérez-vous de ces liens d'apparences et de perceptions fondées sur la confusion, car, assurément, il est temps de pratiquer le divin enseignement du Bouddha, qui vous sera véritablement bénéfique à l'avenir. Ne laissez pas filer le reste de votre vie.

OM MANI PADMÉ HOUNG.

Dans une autre vision impure, j'aperçus de confuses et terrifiantes scènes des enfers. A l'intérieur d'une redoutable forteresse de crânes, sur un trône fait d'un grand amoncellement de crânes, se tenait le roi de la mort, terrible et cruel. Plusieurs de ses effroyables serviteurs rassemblaient en troupeaux un nombre infini d'êtres qui étaient morts et se trouvaient dans le bardo. Chacun de ces êtres était accompagné d'un enfant blanc et d'un enfant noir, capables d'évaluer les actions vertueuses et malfaisantes. Awa Langgo, le serviteur à tête de bœuf, avait une aptitude pour lire les rouleaux des rapports; le serviteur à tête de lion, pour frapper le tambour de la justice karmique; le serviteur à tête de serpent, pour consulter un miroir; le serviteur à tête de cerf, pour préparer le supplice; le serviteur à tête d'ours des neiges roux, pour astiquer les armes; le serviteur à tête de singe, pour peser sur la balance; le serviteur à tête d'ours, pour discriminer les actes vertueux des actes nuisibles. Ces sept serviteurs examinaient de près le karma positif et négatif des défunts; chantant les louanges des êtres spirituels, ils les conduisaient le long du lumineux chemin qui mène à la libération.

OM MANI PADMÉ HOUNG.

Ceux qui étaient dépourvus de qualités spirituelles étaient traînés en bas par les cheveux, le long d'un chemin dans les ténèbres, tandis que les serviteurs criaient: "Tuez-les! Coupez-les! Frappez-les!" Destinés aux enfers chauds et froids, ils allaient être exposés à d'incessants tourments pendant un kalpa.

OM MANI PADMÉ HOUNG.

En raison de mon affection pour les êtres, ceci me fut insupportable; je chantai le mani et le mantra de Tara sur un ton de lamentation, ce qui apporta quelque léger bienfait à ceux qui avaient établi une connexion avec moi par la foi et une forte aspiration.

OM MANI PADMÉ HOUNG.

Dharmaraja me dévisagea avec une vive attention et me demanda: "Jeune fille, quelles actions vertueuses ou néfastes as-tu commises? Il n'y a aucun intérêt à cacher quelque chose, alors parle-moi!” Ma protectrice Tara se leva et s’inclina avec déférence, disant: “Ah! Cette jeune fille est dotée de foi et de respect, ne soyez donc pas en colère contre elle. Elle a traité ceux qui lui sont inférieurs avec compassion et bonté et elle a toujours évité les actes nuisibles.” Malgré la requête de Tara, il me dit: “Révèle tes actions vertueuses et négatives.”

Le serviteur à-tête-de-bœuf examina minutieusement le rouleau. “Hé, hé! Bien qu’engagée dans de nombreuses activités, tu as su maintenir ton attention.”

Cette jeune fille déclara respectueusement: “J’ai commis la faute de faire tomber des enfants turbulents.” Tout en disant cela je me sentis un peu craintive.

Dharmaraja cependant esquissa un sourire et reprit: “Même si tu peux avoir besoin de te purifier de tes défauts, ton attitude affectueuse et protectrice envers les jeunes enfants surpasse tout acte malveillant que tu as pu commettre. Je peux te renvoyer dans ton royaume. Ramène maintenant dans le monde des vivants ton récit des royaumes des enfers, les messages envoyés par les morts, ainsi que mes propres injonctions, et relate-les intelligiblement. Il est temps pour toi également de confesser tes actes négatifs et de poursuivre tes activités vertueuses. Assure-toi dorénavant de ne rien faire dont tu puisses avoir honte.”

OM MANI PADMÉ HOUNG.

༄༅ ། Bien que les morts vous aient transmis de nombreux messages, permettez-moi de vous demander, à vous qui êtes rassemblés ici, d’écouter les points essentiels. Vous qui êtes restés dans ce monde des vivants, le karma positif et négatif doit inévitablement être justifié. Ces êtres misérables dans les royaumes inférieurs de détresse souffrent continuellement sans aucun espoir d'échapper à leurs douleurs; c'est pourquoi ne laissez pas s'affaiblir votre affection et votre compassion à leur égard. Le moment est venu de dédier sans tarder de la vertu en leur faveur.

OM MANI PADMÉ HOUNG.

༄༅ । En ce qui concerne la vertu, intentionnelle et appliquée, il serait temps de vous appuyer sur les points fondamentaux de l'accumulation, de la purification et du développement[6]. De même que l'on se relève en prenant appui sur le sol sur lequel on est tombé, visualisez clairement, honorez et vénérez les objets de votre foi et offrez votre confession, afin de purifier vos voiles. Les trois actes consistant à recopier, lire et répandre les préceptes de Dharmaraja, et en particulier le *Soutra de la Libération*, le *Soutra de la Triple Purification*, *l'Enumération des Noms des Bouddhas*, le *Soutra du Bouddha Médecin*, la *Confession des Fautes*, et le *Tantra de la Confession* sont les plus nobles moyens de purifier les voiles. Vajrasattva, l'omniscient Vairocana, l'inaltérable Akshobhya, les rituels des divinités apaisées et courroucées, le rituel *Ebranler en son Tréfonds le Gouffre des Enfers*, Akashagarbha[7], le *Soutra de la Libération*, et les deux textes intitulés "Immaculé": utilisez ces neuf moyens de dissiper les voiles selon les approches des soutras et des tantras. Constamment, avec foi et compassion, maintenez les trois points de la conscience continue[8] et récitez le mani, le siddhi et le mantra de Tara, aussi bien que le mantra en cent syllabes. Hissez des drapeaux de prières, gravez des mantras dans la pierre, faites tourner des moulins à prières, et accomplissez le rituel de jeûne de nyoung-né. Sauvez des êtres du mal, rachetez la vie d'êtres destinés à être tués, et interdisez l'accès des terres aux chasseurs. C'est le moment de faire des offrandes pour subvenir aux besoins des pratiquants et des festins sacrés de *tsok*. Efforcez-vous d'assurer des conditions propices à la pratique du dharma et de rendre service. Si les liens avec leurs proches ne sont pas faibles, les morts qui sont connectés aux vivants par la famille, le dharma ou les biens matériels retireront alors du bienfait de toute vertu qui leur est dédiée. Persévérez dans la dédicace de la vertu au nom d'individus particuliers. Si vous agissez de la sorte, grands en seront les bienfaits; en général, les vivants et les morts partagent un sort commun fondamental. Je vous le dis: "N'oubliez pas les messages des morts. Ne vous distanciez pas d'eux et ne les négligez pas." Vous qui avez la faculté de comprendre, souvenez-vous de ceci.

OM MANI PADMÉ HOUNG.

༄ ། En outre, le roi du destin donna les préceptes suivants:

Vous tous dans le monde des vivants, de condition élevée ou modeste:
Tout ce qui naît meurt, et tout ce qui est rassemblé se disperse.
L'issue finale de l'union est la séparation et l'issue finale de l'élévation est la chute.
Puisque rien dans l'existence cyclique n'est permanent ni stable,
Ne vous attachez pas à l'apparente permanence des choses; ne vous y accrochez pas en les considérant comme réelles.
Tout ce qui se manifeste à vous est semblable aux expériences vécues en rêve;
Ne soyez pas attachés aux apparences trompeuses du bonheur.

Si vous désirez le bonheur, renoncez à la distraction
et à la paresse.
Développez le renoncement, la bodhichitta
et une vue pure.
Consacrez les trois chemins de votre être[9] à ce qui est
entièrement positif.
Si vous ne souhaitez pas souffrir, purifiez-vous
des conséquences des anciens méfaits
Et prenez la ferme résolution de ne point en commettre
à nouveau.
Les résultats karmiques des actions positives et négatives
sont infaillibles;
Ne les déniez pas en usant de mots vides de sens.
Vous renaîtrez dans un pays de ténèbres
pour une durée infinie.
Ceux qui sont envieux et avaricieux souffriront de la faim
et de la soif dans les royaumes des prétas
pendant un million huit cent mille années.
Ceux qui ont une motivation malveillante
et une obsession meurtrière
Subiront les enfers chauds et froids durant maints kalpas.
Ceux qui commettent des actions néfastes à l'encontre
de personnes de valeur,
Qui ont commis des actes à la rétribution karmique
immédiate[10],
Qui ont abandonné le dharma ou bien qui entretiennent
des opinions erronées à son sujet
Renaîtront dans l'Enfer Vajra et y resteront un kalpa,
endurant sans trêve d'intenses souffrances.
Ceux qui sont enclins à la cupidité et à la rivalité, ou qui
prennent plaisir à se quereller et à se battre,
Souffriront longtemps dans les royaumes des demi-dieux.

Ceux dont l'esprit est gonflé d'arrogance et dont
le bon karma est susceptible de s'épuiser
Renaîtront parmi les dieux et seront finalement déchus
de cet état.
Ceux qui s'engagent dans un mélange
d'actions mesquines et vertueuses
Renaîtront parmi les humains, soumis à l'inquiétude
et au manque.
OM MANI PADMÉ HOUNG.

C'est pourquoi, sans tomber dans les actes négatifs,
les huit préoccupations mondaines[11],
Ou des états d'esprit inconséquents,
Efforcez-vous de planter des racines de vertu totalement pures.
OM MANI PADMÉ HOUNG.

Le karma caché causé par des actions faites en secret
devient évident lorsqu'il vous échoit.
Le choix entre le bien et le mal est entre vos mains.
Si vous ne réfléchissez pas à cela, il sera vain d'éprouver
des regrets lorsque vous arriverez devant moi,
le seigneur de la mort, dans ma cour de justice.
OM MANI PADMÉ HOUNG.

Comme vous l'avez constaté, je prends à mon service
de nombreux esprits des morts.
Nous transperçons les êtres avec nos armes tranchantes,
Nous leur faisons boire des chaudrons de métal en fusion,
Nous leur infligeons les supplices du chaud et du froid
des kalpas durant,
Nous nous assurons que leurs souffrances se perpétuent
sans répit.
OM MANI PADMÉ HOUNG.

N'oubliez pas ces messages; transmettez-les
d'une manière claire.
Ceci vous apportera un grand mérite.
Vous, moines et laïcs rassemblés ici,
Je vous demande de ne pas cesser de réfléchir
à ces questions jusqu'à ce que vous soyez sûrs
de leur signification.
OM MANI PADMÉ HOUNG.

Je demande aux sources de refuge, les Vainqueurs et leurs Fils, d'être mes témoins. Puisse toutes les vertus accumulées par moi et d'autres dans les trois temps, comme l'illustre le potentiel vertueux de la foi et de la dévotion réunies ici, être dédiées ensemble et, par la force de cette dédicace, puissent les enseignements des Vainqueurs, théoriques et mis en pratique, s'épanouir jusqu'aux confins de toutes les directions. Puissent s'accomplir les intentions éveillées des lamas, nos glorieux seigneurs protecteurs. Puissent tous les Vainqueurs et leurs Fils être réjouis par les offrandes. Puissent les activités éveillées des êtres saints qui détiennent les enseignements se développer. Puissent les liens sacrés tissés avec ceux qui préservent les enseignements être réalisés au travers des substances sacrées. Puissent la vue et la conduite de la sangha qui maintient les enseignements être pures. Puissent le pouvoir et l'influence de ceux qui respectent les enseignements s'accroître. Puisse la dégénérescence du monde animé et inanimé s'atténuer. Je dédie cette vertu afin d'amener la guérison maintenant et dans les temps futurs.

Je dédie cette vertu à mes deux parents, aussi bien qu'aux ennemis, aux démons, aux créateurs d'obstacles, ainsi qu'à tous ceux qui me sont liés par du karma positif ou négatif et, en particulier, à ces hommes et à ces femmes qui dépendent de moi pour leurs moyens d'existence, aux chevaux qui nous rendent service en labourant nos champs, aux vaches qui nous nourrissent de la distillation de leur essence et à ceux dont nous utilisons la chair, le sang et la peau, à tous les êtres dont nous avons causé directement ou indirectement la mort. Je dédie cette vertu afin que tous les méfaits et fautes que nous et d'autres avons commis, ou fait commettre, ou dont nous nous sommes réjouis, avec les tendances profondes qui les sous-tendent, puissent être promptement dissipés. Je dédie cette vertu afin que tous les êtres dans les six classes et le bardo puissent facilement et rapidement parfaire les deux grandes accumulations, et réaliser ainsi directement la nature omniprésente et fondamentale de la réalité, parvenant à l'Eveil insurpassable qui révèle les qualités de renoncement et de plénitude.

༄༅ ། Ce résumé des visions des enfers fut composé comme on fait tourner la roue[12], par une présente émanation de Tsogyal, la dakini Shérab Cheudreun, connue également sous le nom de Dawa Dreulma.

> *Sarwa mangalam* — Bonne fortune, bonne fortune,
> bonne fortune!
> Que les circonstances soient propices!

NOTES

1. Le Glorieux Mont Couleur de Cuivre

1. Le premier folio du manuscrit manque, si bien que la traduction commence au folio 2a. Ce passage semble faire partie des vers d'introduction, notamment ceux dans lesquels Dawa Dreulma expose ses intentions.

2. Célèbre prière adressée à Padmasambhava. Connu également sous le nom de Gourou Rimpotché, Padmasambhava était un maître bouddhiste vajrayana du sous-continent indien qui se rendit au Tibet au 8e siècle afin d'y établir solidement la tradition bouddhiste. Il est vénéré par les Tibétains comme le "second Bouddha" et la pratique de la dévotion dans le bouddhisme tibétain est en grande partie centrée sur lui.

3. Dakini est un terme sanskrit utilisé dans le bouddhisme vajrayana pour désigner soit une divinité féminine incarnant l'activité éveillée soit, sur un plan plus profane, un être humain féminin qui a atteint un remarquable niveau d'accomplissement spirituel. L'équivalent masculin est *daka*.
Dorjé Youdreun est une des douze déesses *tènma* qui ont fait le serment de protéger la religion bouddhiste et la nation tibétaine.

4. Le bouddhisme mahayana reconnaît dix niveaux de réalisation entre le premier aperçu de la vacuité qui est la vraie nature de la réalité et l'état totalement éveillé d'un bouddha. Un bodhisattva est, d'une manière générale, une personne qui suit la voie du mahayana et, d'un point de vue plus particulier, un être ayant atteint au moins le premier niveau de réalisation.

5. Les dieux locaux sont de puissants êtres non-humains demeurant dans des régions spécifiques qu'ils maintiennent sous leur domination, contrôlant les conditions météorologiques et géologiques. Dans la culture tibétaine, on veillait soigneusement à maintenir des relations harmonieuses avec les dieux locaux de sa région. Les *nyèns* sont des puissants esprits guerriers de la terre.

6. Dans le bouddhisme tibétain, les tulkous sont des nouvelles incarnations de maîtres spirituels, reconnus et intronisés formellement, et formés pour poursuivre les activités de leurs précédentes incarnations. Les trois tulkous cités ici étaient Tromgué Koundun, Tromgué Troungpa et Drimé Khakyeu Wangpo, qui furent les maîtres de Dawa Dreulma et qui tiennent une place importante dans ses récits. Le dernier était, de plus, son oncle paternel,décédé avant les événements narrés ici.

7. Jatrul, "l'incarnation de Ja", un disciple des trois tulkous cités dans la note 6, prétendit que Dawa Dreulma était destinée à être son épouse

spirituelle. Sa famille refusa toutefois de la lui donner en mariage. Amèrement déçu, Jatrul reprocha au père de Dawa Dreulma, Jigmé Throgyel, de lui avoir refusé la femme qui lui était destinée.

8. Lorsque des êtres humains rompent leurs engagements sacrés du vajrayana, ou *samaya*, ils renaissent en tant que non-humains démoniaques, en tibétain *damsri*, ou "démons du samaya brisé". Non seulement ces démons éprouvent les effets négatifs de leurs propres manquements à l'éthique mais, par leurs actions, ils incitent autrui à commettre les mêmes manquements.

9. Les trois plans sont le monde souterrain, le monde terrestre et les cieux.

10. Une divinité tutélaire est la divinité avec laquelle une personne a la plus forte connexion karmique, en raison des liens établis dans des vies précédentes.

11. Orgyèn est le nom tibétain pour le sanskrit Oddiyana qui désigne un pays légendaire dont les habitants sont des pratiquants avancés du bouddhisme vajrayana. Les interprétations les plus fiables l'identifient à la région actuelle du Cachemire.

12. Les tormas sont des rituels d'offrande particuliers accomplis dans la tradition du bouddhisme tibétain.

13. Dawa Dreulma fait allusion à Tromgué Koundun, dont elle parle plus loin sous le nom de Chogtrul Rimpotché, la "Précieuse et Sublime Emanation". Le lama racine de quelqu'un est le maître qui lui révèle la vraie nature de son esprit.

14. Le monastère de Tromgué, où vivaient et enseignaient les maîtres de Dawa Dreulma, suivait tout à la fois les lignées Nyingma et Sakya du bouddhisme tibétain.

15. Tantra (voir note 61) et divinité majeurs du niveau le plus élevé des tantras dans les écoles "nouvelles" du bouddhisme tibétain fondées à partir du 11ᵉ siècle. Hevajra est une pratique centrale dans la lignée Sakya.

16. Dans le symbolisme du vajrayana, Vajradhara est un bouddha du *dharmakaya*, ou réalité ultime.

17. Tout au long de ses récits, Dawa Dreulma parle d'elle-même à la troisième personne en disant "cette jeune fille". Ceci semble être dû aussi bien au fait qu'elle les dictait à un scribe qu'à sa modestie et à son attitude effacée.

18. Amitayus est le bouddha de longue vie, dont la pratique prolonge notre durée d'existence. Samyak et Vajrakilaya sont des divinités courroucées dont les méditations protègent des obstacles.
Il existe des royaumes purs associés aux trois *kayas*, ou niveaux de l'état d'Eveil. Le Glorieux Mont Couleur de Cuivre est un des nombreux royaumes purs dits du *nirmanakaya*, existant en un certain sens d'une manière analogue à notre propre niveau ordinaire de réalité physique, mais

accessible seulement aux personnes dotées d'une profonde compréhension et réalisation spirituelles. Les royaumes purs du *sambhogakaya* constituent un niveau continu de la pure forme non-corporelle. Le royaume pur du *dharmakaya* est la nature sans forme, fondamentale de la réalité, au-delà de toute élaboration conceptuelle. Les expériences de Dawa Dreulma dans ce chapitre s'inscrivent entièrement dans le contexte d'un royaume pur du nirmanakaya, bien que, plus loin dans ce chapitre (voir note p. 19 et note 83), sa guide Tara se réfère aux deux autres niveaux.

19. Une initiation est un rituel du bouddhisme vajrayana qui autorise celui qui la reçoit à pratiquer la méditation d'une divinité spécifique.
Un terteun est une personne qui redécouvre et révèle des trésors cachés spirituels, ou *termas*. Lékyi Dorjé fut un maître Nyingma du 14e siècle qui découvrit plusieurs cycles importants de ces enseignements.

20. Lors d'expériences authentiques de conscience intrinsèque, l'on peut soudainement connaître, entre autres, des événements, des langues, des concepts que l'on ignorait auparavant.

21. C'est-à-dire 1924.

22. Ce sont les enseignements du bouddhisme vajrayana dits "secrets" parce qu'ils sont à la fois profonds (et donc uniquement accessibles si l'on est guidé correctement) et destinés à rester confidentiels entre le maître et le disciple. L'usage de "mantras" occupe une place importante dans de tels enseignements, mais le sens étymologique de ce terme est "ce qui protège l'esprit" des schémas de pensée erronés.

23. Centré sur l'apparence d'Avalokiteshvara, le bodhisattva de compassion, à onze visages, mille bras et mille yeux, c'est habituellement un rituel qui s'étend sur deux jours avec un jeûne partiel le premier jour et un jeûne total le deuxième jour.

24. Ce sont les deux phases de la méditation formelle du vajrayana. La première concerne principalement la visualisation et la récitation du mantra et la seconde davantage des techniques yogiques avancées et la méditation sans forme.

25. Bhurkakuta est une divinité associée à la purification du samaya brisé ou impur.

26. Ce cycle important était un terma découvert par le terteun Karma Lingpa au 14e siècle.

27. Pour une explication des six royaumes, voir l'introduction.

28. Le mantra d'Avalokiteshvara, le bodhisattva de compassion: OM MANI PADMÉ HOUNG. Il est aussi appelé "mantra en six syllabes".

29. Différents moments du jour sont associés aux quatre sortes d'activité éveillée: le matin tôt à la pacification, la fin de la matinée à l'accroissement,

l'après-midi et le début de la soirée au pouvoir et la fin de la soirée à l'énergie courroucée.

30. Ce sont des liturgies centrées sur Yéshé Tsogyel, la parèdre tibétaine de Padmasambava. L'offrande d'un festin sacré est un rituel central du bouddhisme vajrayana, pratiqué pour accroître notre réalisation et nous purifier des manquements à nos engagements spirituels.

31. Cette formulation fait référence à un axiome du bouddhisme: étant donné que, vie après vie, tous les esprits des êtres ont été soumis à des séries sans commencement d'incarnations, il s'ensuit que tous les êtres ont été, à un moment donné, notre père ou notre mère.

32. Le "grand Orgyèn" désigne Padmasambhava parce que sa naissance miraculeuse eut lieu au pays d'Orgyèn. Les Trois Joyaux sont les fondements spirituels les plus élevés de la voie bouddhiste: le bouddha, ou esprit Eveillé (tel qu'il a été personnifié, par exemple, dans le bouddha historique Shakyamouni); le dharma, les enseignements donnés par un tel bouddha qui conduit les autres à l'éveil; et la sangha, ceux qui pratiquent et réalisent ces enseignements, pouvant ainsi servir de guides et de compagnons sur le chemin spirituel.

33. La bodhichitta ("l'esprit d'Eveil") comprend deux aspects: un aspect relatif de compassion altruiste et un aspect ultime de réalisation de la vacuité comme vraie nature des phénomènes.

34. Cette mesure fut prise pour fournir une preuve convaincante de l'authenticité de son expérience de délog et montrer qu'il ne s'agissait pas d'une mystification.

35. Niveau de voiles provenant du traumatisme subi par l'esprit dans le bardo, ou état intermédiaire entre la mort et la renaissance, pendant la conception, la gestation et la naissance. Ceci explique en partie le fait que les tulkous peuvent ne pas se remémorer totalement leurs vies antérieures.

36. Une divinité du vajrayana particulièrement associée à la purification des effets des actes négatifs et des voiles.

37. Au Tibet, Dreulma, l'équivalent tibétain du sanskrit Tara, est un nom communément donné aux femmes. Tsultrim Dreulma était une nonne qui s'occupa de Chagdud Rimpotché et l'éduqua lorsqu'il était enfant (et qui, se souvient-il en faisant une grimace amusée, lui donnait souvent des fessées).

38. Dans le bouddhisme vajrayana, les cinq "familles de bouddhas" sont un moyen de classer les divinités utilisées dans la méditation; elles constituent également le schéma de la transformation des facteurs impurs de nos tendances habituelles en leurs aspects purs et authentiques. Ici, la couleur bleue du tissu qui recouvre la tête de Dawa Dreulma indique la famille vajra, symbolisant la transformation de la colère en son aspect pur de conscience primordiale qui, tel un miroir, reflète clairement toutes choses.

39. Autre titre honorifique pour désigner Tromgué Koundun.

40. Groupe de cinq déesses qui étaient, à l'origine, des esprits de ce monde mais qui, soumises par Padmasambhava, sont devenues des protectrices des enseignements bouddhistes. Associées à la région du mont Everest, elles sont vénérées dans tout le monde tibétain.

41. Dissiper les Obstacles sur la Voie est une célèbre prière de dévotion appartenant à un cycle de termas découvert au 14e siècle. Le vajra gourou est le mantra de Padmasambhava: OM AH HOUNG VAJRA GOUROU PADMA SIDDHI HOUNG. Le mantra des formes blanche et verte de Tara est: OM TARA TUTTARÉ TURÉ SOHA. Le mantra de la forme rouge de Tara est: OM TARÉ TAM SOHA.

42. Tous ces détails étaient spécifiés dans la prophétie de Tara à Dawa Dreulma.

43. Le karma créé en tuant un animal souille de tels vêtements et aurait entravé la réussite de son expérience de délog.

44. La pluie qui tombe en certaines saisons associées aux constellations des *rishis*, ou sages éclairés, est récoltée et conservée par les Tibétains pour ses propriétés médicinales.

45. Le terme *kunshi* (l'équivalent tibétain du sanskrit *alaya*) se rapporte ici à un niveau préconscient exempt même de subtiles pensées conceptuelles.

46. Ces trois sortes d'expérience surviennent dans la méditation comme des signes provisoires de succès, mais on ne doit pas s'y attacher comme à des buts en soi, car ceci limite notre progrès spirituel. S'attacher à la félicité a pour effet une renaissance en tant que dieu dans le royaume du désir; à la clarté, une renaissance en tant que dieu dans le royaume de la forme; à la conscience non-conceptuelle, une renaissance en tant que dieu dans le royaume de la non-forme, tous ces royaumes se trouvant dans l'existence conditionnée.

47. Tel qu'il est utilisé ici, "condition ordinaire" signifie ce qui est fondamental, authentique et non fabriqué.

48. Dans les rituels du vajrayana, une flèche enrubannée symbolise la longue vie et la prospérité.

49. Selon la cosmologie bouddhiste, notre monde se compose d'une montagne centrale entourée de quatre grands continents, chacun d'entre eux étant flanqué de part et d'autre de continents secondaires ou sous-continents. Le sous-continent situé au sud-ouest de la montagne centrale et à l'ouest de notre monde (le "continent méridional") est Chamara. C'est là que demeure Padmasambhava, maintenant sous sa domination une race de démons sanguinaires qui, sinon, envahiraient notre monde.

50. L'image des nuages exprime la qualité vaste et éthérée de son expérience.

51. La résidence de Padmasambhava dans son royaume pur.

52. Le terme sanskrit *vidyadhara* (détenteur de la conscience primordiale) désigne un pratiquant qui a découvert la vraie nature de son esprit comme étant un état intrinsèque de conscience éveillée (et donc qui "détient" cette expérience).

53. "Vajra d'Orgyèn né d'un Lac", une épithète répandue pour désigner Padmasambhava.

54. Vajravarahi est une divinité féminine appartenant au niveau le plus élevé des tantras du bouddhisme vajrayana.

55. Le terme sanskrit *tathagata* (quelqu'un qui est parvenu à un état de l'esprit tel qu'il est) est une épithète pour qualifier un bouddha.

56. Il n'a pas été possible d'identifier cette personne qui semble avoir été un personnage historique réel que connaissait Dawa Dreulma.

57. Un mala est un chapelet utilisé comme rosaire pour compter les mantras ou les prières.

58. Réciter le mantra de cent syllabes de la divinité Vajrasattava est une technique du vajrayana pour se purifier des effets des actions nuisibles et des voiles.

59. C'est la plus longue version d'une description de l'univers d'un point de vue idéal et stylisé; cet univers, évoqué dans notre imagination, est offert à l'objet de notre foi comme un moyen d'acquérir du mérite et un approfondissement de la compréhension.

60. La femme que l'on baignait était une dakini en vertu de sa renaissance dans le royaume pur de Padmasambhava due à sa réalisation spirituelle.

61. Les soutras sont les paroles du Bouddha qui forment les textes fondamentaux des écoles exotériques du bouddhisme hinayana et mahayana; les tantras sont des écrits plus secrets qui constituent les fondements des enseignements du bouddhisme vajrayana.

62. Grand maître qui vécut de 1820 à 1892. Il contribua à mener un mouvement de réforme œcuménique, dont le centre se trouvait dans l'est du Tibet, au 19e siècle. Bien qu'étant un lama de l'école Sakya, sa très vaste culture lui permettait de transmettre les lignées de toutes les écoles du bouddhisme tibétain.

63. Ce sont les soutras, ou paroles du Bouddha; le vinaya, ou règles éthiques; et l'abhidharma, ou enseignements métaphysiques et psychologiques.

64. Le vajra et la cloche sont des objets tenus dans les mains durant l'accomplissement de rituels vajrayana. Le vajra représente les moyens habiles, la cloche la connaissance transcendante de la vacuité.

65. Il s'agit d'une coutume tibétaine courante, consistant à offrir une écharpe de tissu blanc à un maître lorsqu'on requiert une audience ou une transmission formelle d'enseignements spirituels. Symbole de la pureté de notre sincérité, l'écharpe est souvent placée en retour autour de notre cou par le maître en signe de bénédiction.

66. Dergué servait de principal centre culturel et administratif du Tibet oriental. La dakini à laquelle il est fait allusion ici était une femme qui vécut avant l'époque de Dawa Dreulma.

67. Une partie du cycle d'enseignements de termas dont quelques-uns ont été traduits en anglais sous le titre de *Tibetan Book of the Dead*.

68. Chapitre d'un tantra utilisé dans l'école Nyingma du bouddhisme tibétain comme une liturgie courante pour la confession.

69. Une forme de rétention du souffle largement utilisée dans les pratiques avancées de méditation vajrayana.

70. Ces trois pratiques sont contenues dans un cycle d'enseignements termas intitulé la Goutte du Cœur de Longchènpa (Longchèn Nyingthig), révélé au 17e siècle par Jigmé Lingpa. Pour des informations sur ce cycle, voir H. H. Dilgo Khyèntsé Rimpotché, *The Wish-Fulfilling Jewel* (Boston, Shambhala, 1988), p. 9; et Tulkou Thondup, *The Tantric Tradition of the Nyingmapa* (Marion, Mass., Buddhayana, 1984), p.174.

71. C'est-à-dire son oncle paternel, Drimé Khakyeu Wangpo.

72. Fille du roi de Zahor en Inde, Mandarava fut une épouse spirituelle de Padmasambhava et l'aida à obtenir le pouvoir de longue vie.

73. C'est une célèbre version modifiée de la Prière en Sept Vers.

74. Les maras sont des forces ou des êtres qui limitent notre expérience et nous lient au cycle des existences. Quatre de ces maras sont habituellement cités: les émotions perturbatrices, la mort (personnifiée par Yama, le seigneur de la mort), les agrégats psychophysiques qui constituent l'esprit-corps d'un individu non-éveillé spirituellement, et les forces qui entravent l'aptitude de l'esprit à atteindre des niveaux plus élevés de concentration méditative (personnifiées par "les enfants des dieux").

75. Dans le bouddhisme vajrayana, le blanc et le bleu sont associés à l'est, le jaune au sud, le rouge à l'ouest et le vert au nord.

76. Littéralement "environ (de la longueur d') une manche".

77. Les marques de termas (༔) indiquent que diverses citations dans ce récit constituent une sorte de terma, ou trésor de l'esprit, que révèle Dawa Dreulma.

78. Dans la tradition nyingma du bouddhisme tibétain, Samantabhadra est la représentation du dharmakaya, réalité ultime, indescriptible et ineffable. Le terme suggère l'idée de ce qui est "complètement positif".

79. Lotus Roi (Padma Gyalpo) et Padma Theu Thrèng Tsel sont des noms qui qualifient des aspects spécifiques de Padmasambhava.

80. Yogini de l'Inde bouddhiste ancienne qui occupa une place importante dans la transmission de nombreux enseignements Nyingmapa. Voir Theundoup, *The Tantric Tradition of the Nyingmapa*, p.17.

81. Métaphore pour l'union des moyens habiles et de la connaissance transcendante.

82. Les termes sanskrits *samsara* et *nirvana* désignent respectivement l'état non-éveillé, conditionné de l'existence ordinaire par opposition à l'état éveillé, non-conditionné de la conscience d'un bouddha.

83. Ces paroles montrent que Dawa Dreulma n'est pas réellement morte mais qu'elle doit réintégrer son corps dans le royaume humain. Bien que Tara fasse allusion ici à d'autres royaumes purs des niveaux d'Eveil du sambhogakaya et du dharmakaya, tous les événements de ce chapitre, y compris ceux qui commencent ici, se déroulent dans le royaume pur du nirmanakaya du Glorieux Mont Couleur de Cuivre.

84. Ces cinq sortes de certitude sont les caractéristiques du sambogakaya, à savoir qu'il y a toujours un maître, un entourage, un environnement, un enseignement et un temps qui sont parfaits.

85. Nom qui qualifie Avalokiteshvara, le bodhisattva de compassion.

86. C'est-à-dire, le Bouddha dharmakaya Samantabhadra.

87. Un des dix-sept tantras principaux de l'atiyoga, ou Grande Perfection, de l'école Nyingma.

88. Elle sentait de toute évidence que les bienfaits liés au fait de relater ses expériences compensaient les conséquences d'outrepasser l'ordre de Tara.

89. Selon Chagdud Rimpotché, il pourrait s'agir du mandala des cinq apparences de Padma Theu Thrèng Tsel.

90. Le Samantabhadra que désigne cette métaphore bien connue de l'acte idéal de faire des offrandes n'est pas le bouddha dharmakaya, mais un bodhisattva célèbre dans les soutras pour sa faculté de créer des offrandes à volonté grâce à ses pouvoirs de concentration méditative.

91. Les dieux de ce ciel du royaume du désir dans l'existence cyclique (le nom signifie littéralement "Jouir d'Emanations") ont de telles réserves de mérite qu'ils peuvent créer sans effort autant de plaisirs sensoriels qu'ils le souhaitent.

92. Le trident est un symbole de l'obtention des trois kayas.

93. C'est une métaphore courante de l'inadéquation du langage et des concepts ordinaires pour exprimer l'expérience directe de notre vraie nature.

94. Personne qui possède les trois niveaux d'engagement dans la pratique bouddhiste: les préceptes de la voie du hinayana pour la libération individuelle, le vœu de bodhisattva de la voie du mahayana et le samaya tantrique de la voie du vajrayana.

95. Songtsèn Gampo fut le chef de la région du Tibet durant une bonne partie du 7e siècle. Le bouddhisme a été introduit au Tibet sous son règne, même si la consolidation d'une tradition tibétaine du bouddhisme se fit plusieurs siècles plus tard. Noub Namnying (ou Namkhai Nyingpo) fut l'un des vingt-cinq disciples les plus proches de Padmasambhava au Tibet. Dagpo Da-eu, plus communément connu sous le nom de Gampopa, fut le principal disciple de Milarépa et un fondateur de l'école Kagyu du bouddhisme tibétain; il vécut de 1079 à 1153.

96. C'est-à-dire quand Dawa Dreulma l'avait connu dans le royaume humain avant sa mort.

97. Maître et terteun tibétain qui passa lune bonne partie de sa vie au Sikkim. Il vécut de 1597 à 1650 environ.

98. Le monastère de Dzaga était un grand monastère Nyingma à environ un jour de voyage du monastère de Tromgué situé dans la région de Thromthar, contrée natale de Dawa Dreulma. Il y avait une forte connexion entre les deux centres. Un fils ou fille-de-cœur est un disciple très proche.

99. Les quatre visions sont les étapes de réalisation de l'approche de la Grande Perfection. Les termes "pureté originelle" et "présence spontanée" se rapportent ici aux deux étapes de la pratique de la Grande Perfection, appelées en tibétain *thrégcheu* et *theuguèl*.

100. En tibétain, le même mot peut désigner des fémurs humains façonnés en trompettes et des instruments similaires en cuivre et en laiton.

101. C'est-à-dire l'école Nyingma. Le rituel auquel il est fait référence appartient à un cycle majeur d'enseignements de termas révélés au 12e siècle par Nyang Nyima Eudzar.

102. La métaphore veut exprimer un mouvement rapide et déterminé dans une direction spécifique.

103. Le gain et la perte, la renommée et la disgrâce, l'éloge et le mépris, le plaisir et la souffrance.

104. Ce sont des voyelles sanskrites.

105. Rituel dans lequel la mort d'un lama important est représentée de manière symbolique, avec des offrandes et une effigie de substitution afin de satisfaire les forces qui, autrement, pourraient menacer la durée de vie du lama. Un élément important du rituel est la danse des cinq dakinis, accomplie par cinq jeunes femmes, à qui l'on fait faire demi-tour avec les offrandes plutôt que de leur permettre de conduire la conscience du lama dans un royaume pur.

106. C'est-à-dire "Quand renaîtrez-vous dans le royaume humain?"

107. Des enseignements codifiés par Jétsun Sèngué Wangchoug (11e au 12e siècle) sur sa réalisation du "corps d'arc-en-ciel" à l'âge de 125 ans. Ils ont été révélés par Jamyang Khyèntsé Wangpo (1820-1892).
Le corps d'arc-en-ciel est la réalisation la plus élevée dans la perspective de l'approche de la Grande Perfection, ou Dzogchèn, dans laquelle le corps physique du pratiquant se transforme en un corps de lumière d'arc-en-ciel, qui n'est accessible, en tant que force directrice, qu'aux personnes d'un très grand accomplissement spirituel, et qui dure jusqu'à ce que le samsara soit vide.

108. Puisqu'agir de la sorte risquerait d'entraîner une mort réelle avec pour conséquence l'incapacité pour sa conscience de réintégrer son corps.

109. Pilules qui ont été consacrées lors de cérémonies spéciales et qui transmettent des bénédictions à ceux qui les consomment.

110. Un répa est un yogin qui ne porte qu'un vêtement léger de coton blanc (comme Milarépa).

111. Vers célèbre tiré de la traduction tibétaine du *Bodhicharyavatara*, une œuvre bien connue du bouddhisme mahayana écrite par l'Indien Shantidéva.

112. Littéralement "par la bouche ou la main".

113. Selon Chagdud Rimpotché, il s'agit probablement d'une allusion aux cruels gardiens des portes que Dawa Dreulma pourrait rencontrer lors de son voyage de retour dans le monde humain; le riz est une forme de protection.

114. Voir ci-dessus, note 111.

115. Lantza est une écriture décorative que les Tibétains emploient, entre autres, pour la page de titre des livres et pour les inscriptions sur les moulins à prières; c'était une écriture du nord de l'Inde qui a servi de base aux lettres de l'alphabet tibétain dites "à tête" (*ouchèn*). L'écriture wardhou (Wartula Gupta) était une autre écriture du nord de l'Inde qui est à l'origine des lettres tibétaines "sans tête" (*oumé*).

116. Un district de la province tibétaine méridionale de Dagpo.

117. Il s'agit de l'homme nommé également Jatrul; voir ci-dessus, note 7.

2. Reflets dans le miroir de cristal

1. La peur des lions, des éléphants sauvages, du feu, des serpents, des inondations, de l'emprisonnement, des voleurs et des cannibales.

2. C'est-à-dire Tromgué Koundun, Tromgué Troungpa et Drimé Khakyeu Wangpo, les trois tulkous qui sont cités pour la première fois dans le

chapitre 1 et qui occupent une place importante dans les récits de Dawa Dreulma.

3. Le terme tibétain *bardo* signifie “un intervalle entre deux points”; tout au long de ce texte, il désigne plus spécialement l’intervalle entre la mort et la renaissance, durant lequel les forces karmiques des tendances d’un individu créent des projections qui présagent sa future renaissance.

4. Parce que nous sommes attachés à eux, on se laisse prendre au piège des activités et des préoccupations qui perpétuent le cycle des existences.

5. Le concept de refuge est fondamental dans le bouddhisme; en effet, le “vœu de refuge” est le premier pas formel dans l’engagement personnel d’un individu sur la voie bouddhiste. On prend refuge dans les “Trois Joyaux”, les trois idéaux ou principes spirituels (voir chapitre 1, note 32). Ainsi, accorder refuge signifie plus que simplement héberger ou protéger quelqu’un parce que cela implique une inspiration et une orientation spirituelles.

6. Les formes blanche et verte de Tara.

7. Qualificatif pour Manjusri, le bodhisattva de la sagesse.

8. Seunam Tsémo, qui vécut de 1142 à 1182, était le fils de Sachèn Kounga Nyingpo (fondateur de l’école Sakya du bouddhisme tibétain); il fut donc le deuxième des cinq “pères fondateurs” de l’école.

9. La seconde syllabe du nom Gyajam est une contraction de Jamyang, la forme tibétaine du nom sanskrit Manjughosha.

10. Métaphore pour une scène de chaos et de bouleversement.

11. Les deux textes cités sont utilisés dans des rituels de purification de la tradition bouddhiste tibétaine.

12. Le “roi du destin”, un qualificatif pour Yama.

13. La “planche du destin” est décrite comme une pièce de bois plate en forme de palette gravée de traits entrecroisés; le destin de chaque individu correspond à une marque inscrite dans une des cases produites par le dessin. Le miroir du karma reflète clairement nos actions de la vie précédente, ne permettant pas d’entraver l’inexorable loi du karma.

14. Selon une superstition qui avait cours dans certaines régions du Tibet, une personne qui avait provoqué la mort d’un lama par empoisonnement se chargeait en quelque sorte du mérite spirituel du défunt. Mais la conséquence réelle de cet acte était une renaissance en enfer.

15. Le premier des huit enfers chauds de la cosmologie bouddhiste traditionnelle. Pour les descriptions des royaumes des enfers et des prétas auxquels il est fait référence dans ce chapitre, voir *The Jewel Ornament of Liberation*, H. V. Guenther, trans. (Boston, Shambala, 1986), pp. 55-69;

Künzang La-may Zhal-lung, S. T. Kazi, trans. (Upper Montclair, N. J.: Diamond-Lotus Publishing, 1989), pp. 83-139; et Patrul Rimpotché, *Le Chemein de la Grande Perfection* (Padmakara, deuxième édition 1997), pp. 103-117.

16. Les prétas sont des esprits tourmentés qui souffrent d'une faim et d'un soif extrêmes et d'être exposés aux éléments.

17. Bouddha dont la méditation et le mantra sont particulièrement efficaces pour se purifier des effets des actions nuisibles.

18. Voir chapitre 1, note 62.

19. Selon la cosmologie bouddhiste traditionnelle, le Mont Soumérou est la montagne centrale de notre univers.

20. Trois sortes d'actes vertueux sont accomplis par le corps: protéger la vie, être généreux et avoir une conduite sexuelle correcte; quatre concernent la parole: dire la vérité, parler aimablement, favoriser l'harmonie par notre discours et prononcer des paroles avisées; trois sont relatifs à l'esprit: le contentement, la bienveillance et un juste entendement des vérités spirituelles.

21. Les Tibétains croient que les drapeaux de prières envoient les bénédictions des prières dans le vent, dispensant des bienfaits à tous ceux qu'il touche.

22. Le mantra "siddhi" est un autre nom pour le mantra de Padmasambhava, OM AH HOUNG VAJRA GOUROU PADMA SIDDHI HOUNG.

23. Un acte vertueux populaire au Tibet consistait à graver les six syllabes du mantra OM MANI PADMÉ HOUNG sur des pierres qu'on entassait souvent pour en faire des cairns ou des murs.

24. Les tsatsas sont de petites répliques en argile de stoupas — monuments dont les caractéristiques architecturales représentent les aspects de l'esprit d'Eveil — ou des moulages de divinités en argile; l'argile est souvent mélangée aux cendres provenant des reliques de personnes décédées afin de transmettre des bénédictions aux défunts.

25. C'est-à-dire des statues, des livres et des objets qui sont des réceptacles symboliques du corps, de la parole et de l'esprit d'un être éveillé.

26. Dans la cosmologie bouddhiste traditionnelle, mille mondes semblables au nôtre constituent collectivement un univers du premier ordre de grandeur; mille de ces univers constituent un univers du deuxième ordre de grandeur; et mille de ces univers (c'est-à-dire un billion de mondes semblables au nôtre) constituent un univers du troisième ordre, un "trichiliocosme".

27. Les trois royaumes sont le royaume du désir (comprenant les royaumes des êtres des enfers, des prétas, des animaux, des humains, des demi-dieux

et les niveaux inférieurs des dieux), le royaume plus subtil de la forme (les niveaux moyens des dieux) et le royaume très subtil du sans forme (les plus hauts niveaux des dieux). Tous ces royaumes appartiennent aux cycles de l'existence conditionnée, ne représentant ainsi ni bonheur ni libération ultimes, et ils demeurent sous l'empire du seigneur de la mort.

28. Les trois plans sont une autre façon de représenter le cycle des existences; ce sont le monde souterrain, le monde terrestre et les cieux.

29. Des quatre continents qui entourent le Mont Ṣoumérou, le "continent méridional" est notre monde humain, c'est-à-dire à peu près l'équivalent de la "Terre".

30. En mourant, ces individus hautement réalisés ont compensé le karma de nombreuses personnes qui aurait normalement eu pour résultat leur mort.

31. Espèce d'arbre poussant dans un des enfers dits "avoisinants" et qui constitue la principale source de souffrance des êtres se trouvant dans ce royaume. Voir Kazi, *Kün-zang La-may Zhal-lung*, pp. 93-94.

32. Littéralement "la parole traduite du Bouddha". Le canon bouddhiste tibétain, d'ordinaire en 108 volumes, des écritures admises comme étant les enseignements du Bouddha Shakyamouni.

33. Sa fille a vraisemblablement des propensions à la colère et au meurtre.

34. Ces "enfants" sont les projections des éléments positifs et négatifs de nos propres tendances.

35. Allusion aux dures formes de châtiments corporels qu'il avait, en tant que chef, la responsabilité d'ordonner.

36. Personnage important dans l'école Nyingma du bouddhisme tibétain, à la fin du 19e siècle et au début du 20e siècle.

37. C'est-à-dire le clergé ordonné; le jaune était une couleur réservée aux vêtements des moines et des nonnes au Tibet.

38. C'est-à-dire sans en emmener d'autres avec elle selon les mérites de son karma positif.

39. Important centre monastique et politique dans la province méridionale tibétaine de Tsang et siège éponyme de l'école Sakya du bouddhisme tibétain.

40. Les accumulations de mérite au niveau conventionnel et la conscience primordiale au niveau ultime.

41. Manjushri, Avalokiteshvara et Vajrapani (respectivement les bodhisattvas de la sagesse, de la compassion et du pouvoir spirituel) sont les bodhisattvas des "trois familles", c'est-à-dire du corps, de la parole et de l'esprit de tous les bouddhas.

42. Le bienfait pour soi-même et les autres, à court et à long terme.

43. Même un engagement négatif, occasionné par un acte nuisible ou de la malveillance à l'égard de quelqu'un, établit une connexion bénéfique.

44. Elles constituent le contraire des actes vertueux mentionnés ci-dessus à la note 20. Les actes du corps: tuer, voler et l'inconduite sexuelle; les actes de la parole: mentir, proférer des injures, la calomnie et les commérages futiles; et les actes de l'esprit: la convoitise, la malveillance et les vues erronées au sujet des vérités spirituelles.

45. Grande ville (appelée Ta-chien-lu en chinois) à la frontière tibéto-chinoise, qui fut autrefois le passage principal de l'importation du thé chinois en territoire tibétain.

46. Les prétas à l'esprit obscurci de voiles intérieurs sont ceux dont les perceptions subjectives sont si altérées que, même s'ils peuvent trouver à boire et à manger, tout aliment ingéré se transforme en feu, en immondices ou en poison.

47. Un tantrika est un pratiquant de la voie du tantra, c'est-à-dire du bouddhisme vajrayana.

48. Il s'agit des personnes qui, dans la pratique du vajrayana, ont reçu les mêmes initiations des mêmes lamas; on considère qu'il ne peut exister de lien plus solide entre les gens.

49. L'Enfer Vajra est le royaume dans lequel tombent les êtres en raison de manquements graves à leurs engagements sacrés.

50. Les bouddhas qui sont apparus dans le passé, qui apparaissent dans le présent et qui apparaîtront dans le futur.

51. Du corps, de la parole et de l'esprit.

52. Ici, la dualité ordinaire du positif et du négatif est remplacée par les préceptes plus élevés de la pratique spirituelle.

53. Comme l'explicitent les lignes suivantes, ce saint était le principal maître spirituel de Yéshé Dorjé.

54. Les huit enfers chauds, les huit enfers froids, les enfers avoisinants et les enfers temporaires.

55. L'équivalent sanskrit du nom Yéshé Dorjé.

56. Parce que le Bouddha Shakyamouni était assis sous un pipal (ou Arbre de la Bodhi) lorsqu'il parvint à l'éveil, les graines de cet arbre sont prisées comme perles pour les malas.

57. Au Tibet, il était fréquent d'offrir de l'argent à quelqu'un pour lire des textes à haute voix et de dédier le mérite de la lecture au bien-être du donateur.

58. Grande prairie près de la maison de Dawa Dreulma.

59. C'est-à-dire le Bouddha.

60. Dans la pratique du bouddhisme tibétain, le nom de notre lama est souvent utilisé comme une forme de mantra dans la phrase "... est omniscient!" Ici, l'homme assimile son maître à Dorjé Chang (Vajradhara en sanskrit), le bouddha dharmakaya de la vérité ultime.

61. Les cinq poisons émotionnels sont le désir-attachement, la colère, l'ignorance, l'orgueil et la jalousie.

62. Powa, ou le "transfert de la conscience", est une technique du vajrayana qui peut être accomplie pour soi-même ou pour le bien d'autrui. Il permet à la conscience de quitter le corps au moment de la mort de la manière la plus efficace et la plus appropriée contribuant à notre développement spirituel.

63. Voir chapitre 1, note 22.

64. En les vénérant, les autres réunissent les accumulations de mérite et la conscience primordiale.

65. C'est-à-dire les conjointes des lamas.

66. Les quatre degrés de joie qui surviennent successivement dans la méditation sont appelés joie, joie sublime, joie spéciale et joie coémergente (ou joie au-delà de la joie ordinaire conditionnée).

67. Cinq actes dont les conséquences karmiques sont si graves que, sans purification, ils entraînent pour celui qui les a commis une renaissance dans un royaume des enfers au moment même de la mort, sans l'habituel état de bardo intermédiaire entre la mort et la renaissance. Ces actes sont le patricide, le matricide, le meurtre d'un arhat (voir chapitre 3, note 32), répandre intentionnellement le sang d'un bouddha et provoquer des scissions irrémédiables au sein de la communauté bouddhiste.

68. C'est-à-dire une éthique qui accepte certaines formes de comportement comme vertueuses et en rejette d'autres comme non-vertueuses.

69. Les mamos sont des déesses féroces.

3. Le Mont Potala

1. Voir chapitre 1, note 55.

2. Les huit qualités sont la fraîcheur, la suavité, la légèreté, la douceur, la clarté, la pureté, la digestibilité et des propriétés émollientes pour la gorge. L'eau des royaumes purs est traditionnellement décrite comme étant dotée de ces qualités.

3. Les murs composés de cinq couches sont symboliques des cinq familles de bouddhas qui sont au centre du Vajrayana. De même, chaque caractéristique "architecturale" des ces palais symbolise un facteur ou une qualité particuliers de la pratique spirituelle et de la réalisation.

4. La roue du dharma est un signe de bon augure, en or, dont les huit rayons représentent le noble octuple sentier du bouddhisme: vue juste, pensée juste, parole juste, conduite juste, moyens de subsistance justes, effort juste, attention juste et absorption méditative juste.

5. Le makara est une créature aquatique mythologique ressemblant quelque peu à un crocodile, utilisé comme motif dans l'architecture bouddhique.

6. Voir chapitre 1, note 91.

7. Le corps d'un bouddha est traditionnellement décrit comme étant orné de trente-deux marques majeures et de quatre-vingts marques mineures de perfection physique qui sont les expressions extérieures de diverses qualités spirituelles intérieures.

8. Cette antilope tachetée de noir est traditionnellement considérée comme étant exceptionnellement douce et compatissante.

9. C'est-à-dire avec le dessus du pied droit posé sur la cuisse gauche et le dessus du pied gauche posé sur la cuisse droite.

10. L'expression traditionnelle "tourner la roue du dharma" désigne l'activité de dispenser des enseignements bouddhistes.

11. Il s'agit de la division traditionnelle d'une période de vingt-quatre heures en six "quarts" de quatre heures chacun.

12. Le Bouddha avait prédit que ses enseignements subsisteraient dans ce monde pendant dix périodes de cinq cents ans chacune après son passage dans le nirvana. Chaque période successive impliquerait une approche plus superficielle et plus imprécise de l'étude et de la pratique de ces enseignements jusqu'à ce qu'il n'en reste que des traces, à la suite de quoi ils disparaîtraient de ce monde jusqu'à ce que le prochain Boudhha, Maitreya, apparaisse pour les introduire à nouveau.

13. La plupart des vues philosophiques tendent soit vers l'extrême de l'éternalisme (affirmant naïvement l'existence des choses telles qu'elles apparaissent), soit vers l'extrême du nihilisme (niant tout aussi naïvement l'existence même des choses). La "Voie du Milieu" du Bouddha évite ces extrêmes en établissant l'interdépendance comme processus qui explique l'apparition des phénomènes au sens conventionnel, tout en affirmant en même temps que ces phénomènes sont dépourvus de toute essence propre.

14. C'est-à-dire un corps dans un état de renaissance fortuné.

15. Les six perfections (connues en sanskrit sous le nom de paramitas) sont

les qualités qui constituent l'essence de la voie bouddhiste mahayana: la générosité, la discipline, la patience, la diligence, la stabilité méditative et la connaissance transcendante.

16. Les quatre méthodes pour exercer une influence positive sur autrui sont: donner avec largesse ce qui est nécessaire, parler de manière plaisante, s'engager dans des activités bénéfiques à autrui et agir en accord avec les coutumes et les attentes des autres.

17. La connaissance provenant de l'écoute des enseignements, de la contemplation et de la méditation.

18. La présence d'esprit, la vigilance, l'attention et la pratique spirituelle.

19. Ce sont les vœux temporaires que l'on prend en général pour vingt-quatre heures, souvent conjointement au rituel de jeûne de nyoung-né. Les huit vœux sont: éviter d'ôter la vie, de voler, de mentir, d'avoir des rapports sexuels, de manger à des heures inappropriées (avant le lever du soleil et après midi), de se farder et de porter des parures, de s'asseoir sur des sièges élevés ou des trônes, de chanter, danser ou jouer de la musique.

20. Votre corps, votre parole et votre esprit.

21. Voir chapitre 1, note 103.

22. Physique, verbale et mentale.

23. Ce vers, une citation d'un soutra, est une prière d'aspiration bien connue dans toutes les traditions du bouddhisme tibétain.

24. Prière d'aspiration bien connue.

25. Le royaume pur associé à la direction de l'ouest, connu en tibétain sous le nom de Déwatchèn ou Royaume de Félicité.

26. Le *Saddharma-pundarika Sutra*, ou *Soutra du Lotus*, qui existe en plusieurs traductions anglaises.

27. Le *Arya-karandavyuha Sutra*, un soutra consacré au bodhisattva Avalokiteshvara et expliquant les bienfaits de la pratique associée à ce bodhisattava et au mantra OM MANI PADMÉ HOUNG.

28. Les habitants des enfers qui tourmentent les prétas et intensifient leurs souffrances.

29. Les shravakas et les pratyekabouddhas sont ceux qui pratiquent et réalisent la voie du hinayana de la pratique bouddhiste, par opposition aux bodhisattvas qui parviennent à l'état de bouddha au travers de la voie mahayana. Les dieux, les musiciens célestes, etc., sont différentes sortes d'êtres non-éveillés dans le cycle de l'existence conditionnée; Ishvara et Maheshavara sont des dieux puissants. Vajrapani est le bodhisattva du pouvoir spirituel.

30. Une dharani est une sorte de mantra, spécifiquement une longue formule en prose qui évoque les qualités d'une divinité ou d'un aspect de l'éveil particuliers.

31. Voir chapitre 2, note 67.

32. Un arhat (littéralement "celui qui a vaincu l'ennemi intérieur") a atteint un degré partiel d'Eveil en suivant l'approche hinayana de la pratique bouddhiste. Il a réalisé la non-existence du soi de la personnalité individuelle et a ainsi transcendé la souffrance et les causes de la souffrance à venir. L'inconvénient est que ce niveau de réalisation assure uniquement la libération personnelle de l'existence cyclique et non la compassion et les moyens habiles permettant de libérer autrui.

4. Youlokeu

1. Voir chapitre 2, note 40

2. Il s'agit de son voyage au royaume pur d'Avalokiteshvara.

3. "Je rends hommage à la noble Tara".

4. Voir chapitre 3, note 2.

5. Or, argent, corail, nacre et turquoise ou saphir.

6. En étant vu, entendu, touché ou évoqué par la mémoire.

7. Le cœur du bois du santal.

8. Nom secret qu'un gourou confère à un pratiquant lors d'une initiation d'une des techniques de méditation formelle du bouddhisme vajrayana.

9. Dans la terminologie du vajrayana, la manifestation de la joie dans la méditation est décrite comme survenant en seize étapes distinctes. L'image d'un jeune homme ou d'une jeune fille de seize ans est utilisée pour personnifier ce processus.

10. Les sentiments illimités sont l'amour, la compassion, la joie et l'équanimité.

11. Référence à la légende selon laquelle les formes blanche et verte de Tara apparurent des larmes versées par Avalokiteshvara, le bodhisattva de compassion, en réponse à la souffrance des êtres.

12. C'est-à-dire avec le pouce repliant l'extrémité de l'annulaire vers la paume, et l'index, le majeur et l'auriculaire dressés.

13. C'est-à-dire avec la paume de la main tournée vers l'extérieur, les doigts tendus.

14. Ce sont tous des maîtres bouddhistes qui se sont consacrés aux pratiques de la méditation de Tara.

15. Non identifiée; il s'agit probablement d'une région d'Asie.

16. Avalokiteshvara, Tara et Padmasambhava.

17. C'est-à-dire arrivant à leur déclin comme le soleil couchant qui disparaît dans l'océan.

18. Terme collectif pour désigner les forces qui agissent contre le bonheur et le bien-être des êtres ainsi que contre l'essor des enseignements bouddhistes.

19. Le signe de la roue du dharma sur les plantes des pieds et les paumes est une des trente-deux marques majeures de la perfection physique ornant le corps d'un bouddha.

20. La forme sanskrite du nom Dawa Dreulma (Tara de la Lune).

21. Voir chapitre 2, note 1.

22. Dégénérescence due à la diminution de la durée de vie, à l'accroissement des émotions perturbatrices, à l'accroissement de la résistance aux enseignements spirituels, à l'accroissement des querelles et des conflits et à la perversion des vues spirituelles.

23. C'est-à-dire que la renaissance dans le royaume humain est considérée comme le support ou le fondement idéal pour atteindre la libération spirituelle.

24. Ce vers semble altéré dans le manuscrit et il a été corrigé selon les suggestions de Chagdud Rimpotché. Rimpotché pense qu'on pourrait lire comme version possible du texte: "Si vous avez l'esprit troublé par les causes et les effets, vous endurerez d'incessantes souffrances."

25. Dans le bouddhisme vajrayana, les rituels les plus élaborés qui autorisent un pratiquant à s'entraîner à des techniques spécifiques de méditation impliquent quatre niveaux d'initiation.

26. Voir *The Hundred Thousand Songs of Milarepa*, Garma C. C. Chang, trans. (Boulder, Shambhala, 1977), vol. 2, pp. 357-361, "Tseringma and the Mudra practice", pour les détails de cette rencontre entre Milarepa et la déesse Tseringma. La référence au canal central concerne des pratiques yogiques avancées du bouddhisme vajrayana.

27. C'est-à-dire l'oncle de Dawa Dreulma, Drimé Khakyeu Wangpo; voir chapitre 1.

28. Une vision karmique est un état de perception qui s'impose aux êtres ordinaires en raison de leur karma.

29. Cet homme, mentionné également au chapitre 1, était en fait l'incarnation de l'oncle maternel de Dawa Dreulma et non son parent consanguin. C'est Tromgué Troungpa qui avait prédit à Chagdud Rimpotché que sa principale pratique de méditation serait celle de Tara. Tromgué Troungpa

mourut lorsque Chagdud Rimpotché avait vingt-trois ans, c'est-à-dire en 1953 ou 1954.

30. Voir chapitre 1, note 44.

5. L'Escalier vers la Libération

1. Référence à Padmasambhava dont la naissance miraculeuse dans un lotus est célébrée dans la Prière en Sept Vers. Voir chapitre 1, note 2.

2. Cette strophe est une célèbre prière de louange à Avalokiteshvara, le bodhisattva qui incarne la compassion de tous les bouddhas. Le second vers se rapporte au bouddha Amitabha, seigneur de la famille du lotus; Avalokiteshvara est souvent représenté avec Amitabha posé sur le sommet de sa tête.

3. En tant que divinité féminine, Tara incarne le principe de la vacuité comme nature fondamentale de tous les phénomènes. On peut considérer la vacuité comme étant tout à la fois la "source" de tous les bouddhas (puisque l'état de bouddha est atteint par la complète réalisation de la vacuité) et le domaine dans lequel se présentent les qualités révélées par cette réalisation.

4. Dix périodes de douze heures de jour ou de nuit; autrement dit, cinq jours complets.

5. "Le roi et ses sujets" se rapporte à un groupe de vingt-cinq Tibétains qui étaient devenus les proches disciples de Padmasambhava lorsqu'il séjourna au Tibet. Ce groupe comprend le roi du Tibet, Trisong Détsèn, sous le règne duquel Padmasambhava se rendit au Tibet, et d'autres (qui, en tant que Tibétains, étaient évidemment les sujets du roi), dont sa reine, Yéshé Tsogyèl, les ministres du gouvernement ainsi que des maîtres bouddhistes laïques et ordonnés.

6. A savoir, l'accumulation de mérite, la purification des effets des actes nuisibles et le développement de nos qualités positives.

7. Un des huit bodhisattvas principaux dont la méditation est spécialement efficace pour se purifier des effets des actes négatifs qui conduisent à renaître dans les royaumes inférieurs.

8. La conscience que toute forme est la forme de la divinité, que tout son est le mantra et que toute pensée et toute activité mentale sont la manifestation de la conscience primordiale.

9. Le corps, la parole et l'esprit.

10. Voir chapitre 2, note 67.

11. Voir chapitre 1, note 103.

12. Voir chapitre 3, note 10.

AUTRES PUBLICATIONS DES ÉDITIONS CLAIRE LUMIÈRE

Ces publications sont disponibles en librairie ou par correspondance à:
Editions Claire Lumière
5 av. Camille Pelletan
13760 Saint-Cannat

Bokar Rimpotché

TARA
le divin au féminin

Tara est la divinité féminine du bouddhisme par excellence. A la fois personnification de la prajnaparamita (la connaissance de l'absolu) et mère attentive à protéger ses fidèles, elle est l'objet d'une dévotion profonde de tous les Tibétains: autant le peuple des nomades que les érudits dans les monastères. Bokar Rimpotché nous présente ici les différents aspects de la divinité, nous offre des témoignages contemporains sur son activité bienfaisante, retrace l'origine de son tantra et analyse la louange qui lui est dédiée. Une abondante iconographie complète l'ouvrage.

Bokar Rimpotché

TCHÈNRÉZI
principes et méthodes de la méditation

Le bouddhisme est souvent représenté comme une tradition a-religieuse, que l'on classe volontiers dans le domaine de la métaphysique, de la philosophie ou de l'art de vivre. Dans cette perspective, le bouddhisme dit «tibétain» semble se situer en marge, et ce n'est pas sans une certaine méfiance qu'on regarde parfois son cortège de divinités (les yidams), les champs purs où elles résident et les récits d'apparence mythologique qui s'y rapportent.

Les Tibétains eux-mêmes ne voient pourtant dans ces divinités rien qui contredise le bouddhisme : étant donné qu'elles font partie du vajrayana, enseigné par le Bouddha, puis transmis secrètement en Inde avant de se répandre au Tibet, leur orthodoxie ne fait pour eux aucun doute, pas plus que leur parfait accord avec le reste de l'enseignement originel.

Il est vrai toutefois que les divinités peuvent être comprises à différents niveaux. Les Tibétains du peuple les conçoivent certainement comme des êtres supérieurs, demeurant dans des paradis et veillant sur le sort des humains qui les prient. Mais pour les maîtres du dharma, ce sont des expressions multiples d'un éveil unique, dont notre esprit n'est pas non plus séparé. Ce second point de vue correspond sans doute seul au bouddhisme au sens strict, mais le premier, en tant que «moyen habile» pour aider les êtres, n'est pas à rejeter pour autant.

Dans le premier chapitre de cet ouvrage, Bokar Rimpotché met fort clairement les choses au point, en décrivant la nature de Tchènrézi (Avalokiteshavara en sanscrit), la divinité la plus populaire du Tibet et la plus connue en Occident. Toutefois, pour bien suivre ses propos, il est important de comprendre les deux niveaux auxquels peuvent se situer les enseignements bouddhistes : celui de la *réalité-guide* et celui de la *réalité définitive*.

La réalité-guide désigne tout ce qui permet d'approcher la vérité ultime, sans pour autant l'exposer directement, en tenant compte des possibilités intellectuelles des individus et de leur configuration psychique. Certains degrés d'explication, les images, les «méthodes» de méditation, les aspects mythiques, etc., appartiennent à ce domaine.

La réalité définitive exprime au contraire directement la vérité ultime, comme le fait, par exemple, le mahamoudra.

Il faut bien voir toutefois que la réalité-guide n'est pas fausse par rapport à la réalité définitive ; elle est plutôt partielle, ou approchante, dotée d'une valeur pédagogique. Un peu comme, par rapport à la réalité qu'est le ciel, les différentes descriptions que peuvent en faire un peintre, un poète, un météorologue, un instituteur ou un astro-physicien, ne sont pas fausses, mais partielles. Le fait que le ciel soit une réalité plus vaste qu'aucune de ces descriptions et au-delà d'elles ne les invalide pas pour autant.

La réalité définitive et la réalité-guide ne se placent pas sur le plan de l'alternative et de l'exclusion. Il faut bien saisir le jeu subtil de leur rapport, qui n'est pas de nature contradictoire. On pourra comprendre seulement ainsi le lien entre l'esprit et la divinité.

Outre la question de la nature de la divinité, les Occidentaux se posent souvent celle du fonctionnement d'une méditation comme celle de Tchènrézi. Comment la visualisation d'une divinité et la récitation d'un mantra peuvent-elles agir sur l'esprit ? On trouvera dans le second chapitre un exposé extrêmement intéressant sur ce sujet, mettant notamment en lumière le processus de purification des conditionnements inconscients et de développement des potentialités de l'éveil.

Les chapitres suivants décrivent la méthode de méditation proprement dite et la manière d'appliquer la pratique aux différentes circonstances de la vie. Sur ce dernier point, Bokar Rimpotché a voulu donner des instructions au niveau le plus profond, celui du mahamoudra.

Sa Sainteté le Dalaï-Lama - John Newman - Roger Jackson

KALACHAKRA

le plus haut des tantras bouddhistes

Kalachakra, la "Roue du Temps", est un des plus profonds systèmes tantriques bouddhistes. On y rencontre des données astrologiques et physiologiques, des prophéties, et, plus encore, un ensemble de techniques méditatives qui, tout en prenant en compte la totalité de la manifestation, conduit au parfait Eveil.

Son origine mystique, ses liens avec l'étrange pays de Shambhala, sa connexion avec un futur âge d'or, l'aura de mystère et de grandeur qui l'entoure, semblent exercer un attrait particulier sur un très vaste public. En témoignent les foules qui se pressent pour en recevoir l'initiation, notamment lorsqu'elle est donnée par Sa Sainteté le Dalaï-Lama.

Malgré cet attrait, on ne trouve guère de documents sur la question. Le présent ouvrage vise à combler ce manque en apportant d'importants éclairages sur les principaux aspects de Kalachakra.

Rédigés par des experts en la matière, les différents chapitres livrent des informations de première main qui susciteront l'intérêt de ceux qui s'interrogent en profondeur sur le bouddhisme tibétain et, plus encore, de ceux qui ont pu recevoir l'initiation de Kalachakra.

Nathalie Gyatso

VERS L'ART SACRÉ DU TIBET

Nathalie Gyatso habite depuis huit ans, une année sur deux, dans les communautés tibétaines de l'Inde. Elle y poursuit l'apprentissage de la peinture de thangkas parallèlement à sa pratique photographique. Lors de ses séjours en France, elle enseigne les Arts Plastiques tout en s'attardant à présenter les différents aspects du monde tibétain.

Son livre est ainsi le fruit d'un itinéraire personnel: celui d'une plasticienne qui, se posant les questions essentielles de l'art contemporain, découvre la peinture tibétaine, l'étudie et la pratique en Inde auprès de ses plus grands maîtres actuels.
Elle ne parle donc pas seulement en historienne de l'art, mais nous invite à partager un monde qu'elle approche de l'intérieur et qu'elle aime avec passion.

Quand elle nous en expose les origines et les techniques, quand elle nous guide dans l'univers complexe des divinités du panthéon tibétain, quand elle sonde les fonctions de l'art d'Orient et d'Occident, elle nous fait partager non seulement ce qu'elle connaît parfaitement, mais aussi ce qu'elle vit quotidiennement.

Jampa Mackenzie Stewart

VIE DE GAMPOPA

Gampopa fut le principal disciple de Milarépa. Sa vie est passionnante à plus d'un titre: on y suit les douleurs, les doutes, le cheminement, les enthousiasmes et les réalisations d'un homme à la fois exceptionnel — le Bouddha lui-même avait prédit sa venue — et proche de nous. On y voit aussi comment s'effectuait, avec autant de compétence que d'amour, la transmission de maître à disciple chez les yogis ermites des premiers temps du bouddhisme au Tibet. On y assiste enfin à l'émergence de l'ordre Kagyupa, toujours florissant de nos jours, auquel Gampopa, rassemblant en un seul fleuve la tradition monastique et la tradition yogique, donna une forme durable.

L'auteur, Jampa M. Stewart, érudit et pratiquant bouddhiste de longue date, a travaillé sur de nombreuses sources tibétaines dont il fait ici, sans les trahir, une synthèse pleine de vie, imprégnée du parfum de la réalisation de Gampopa et de son maître, Milarépa.

Khenpo Karthar Rimpotché

BASES DU BOUDDHISME

Khenpo Karthar Rimpotché est né au Kham (Tibet oriental) en 1922. Entré au monastère à l'âge de douze ans, il consacra de nombreuses années à l'étude, à la méditation et aux pèlerinages. En 1959, l'invasion chinoise le contraignit à s'exiler en Inde où il enseigna la philosophie bouddhiste dans différents monastères. Depuis 1978, il transmet le bouddhisme aux Etats-Unis, missionné par le Karmapa, chef de l'école Kagyupa à laquelle il appartient. Les très nombreux disciples qui le suivent apprécient tout autant son enseignement que la sagesse de sa personne.

Bases du bouddhisme regroupe selon une progression logique des enseignements donnés en public par Khenpo Karthar Rimpotché. L'ensemble, depuis la vie du Bouddha jusqu'aux six paramitas et aux tantras, constitue une excellente introduction au bouddhisme tel qu'il fut gardé dans sa pureté, abrité par l'écrin tibétain. Le style de l'auteur est chaleureux et vivant, mais aussi sans concession, ce qui garantit l'authenticité de la transmission qu'il nous offre.

Bokar Rimpotché

LE VŒU DE BODHISATTVA

Le bouddhisme mahayana, le “grand véhicule”, trouve l'incarnation de son idéal en la personne du bodhisattva, celui qui se voue à l'obtention de l'Eveil dans le but de soulager tous les êtres de leurs souffrances.

Le premier pas sur la voie de cet idéal consiste à prendre le “vœu de bodhisattva”.

Le propos de ce petit livre est de présenter un exposé clair de la nature de ce vœu et de ses implications: qu'est-ce qu'un bodhisattva, qu'est-ce que la bodhichitta, à quoi engage le vœu, qui est apte à le prendre, comment se déroule la cérémonie, quels sont les préceptes qui en découlent, comment se purifier des manquements, etc. Telles sont les questions qui sont abordées ici.

Khèmpo Deunyeu Rimpotché

VIVRE EN FILS DES BOUDDHAS

Khèmpo Deunyeu Rimpotché est né au Tibet. Il y a commencé ses études, qu'il a poursuivies et achevées avec brio en Inde. Erudit renommé, c'est aussi un pratiquant exemplaire qui, sans aucun doute, vit profondément ce qu'il enseigne.

L'idéal du Bodhisattva nourrit toute la spiritualité du Tibet. Proposant à celui qui suit la voie ouverte par le Bouddha de se placer dans une perspective infiniment vaste et noble — atteindre l'Eveil pour servir tous les êtres qui souffrent — il demande de développer l'amour, le courage et la persévérance, ainsi qu'une compréhension profonde. Il demande aussi une application quotidienne, dans toutes les circonstances de l'existence: les joies, les peines, les difficultés. Dans le présent ouvrage, s'appuyant sur un "classique" du bouddhisme tibétain — *les Trente-Sept Pratiques des Fils des Vainqueurs* de Thokmé Zangpo — Khèmpo Deunyeu Rimpotché nous encourage à vivre cet idéal et nous apprend à le faire de façon simple et progressive.

Achevé d'imprimer sur rotative
par l'imprimerie Darantiere à Dijon-Quetigny
en avril 1999

Dépôt légal : 2e trimestre 1999
N° d'impression : 99-0398